Liturgia do Ordinário

práticas sagradas
na vida cotidiana

Temos um presente para você!

Além de acessar ao audiobook e e-book desta obra, você também encontrará muitos conteúdos da Thomas Nelson Brasil na Pilgrim!

50%
de desconto
nos **três primeiros** meses

Comece já!

"A espiritualidade de muitos cristãos é vivida por espasmos. Uma sensação nova em algum culto, uma experiência arrebatadora num retiro, uma emoção diferente numa música. Ela está sempre ligada a algo extraordinário, fora da normalidade ordinária do dia a dia. Tish Harrison Warren nos leva a reconhecer que a espiritualidade cristã está na maneira como percebemos a presença de Deus nos eventos mais comuns e monótonos de nossas atividades diárias. É ali, onde vivemos as rotinas enfadonhas, que a graça de Deus nos forma".

Rev. Ricardo Barbosa, pastor da Igreja Presbiteriana do Planalto (Brasília - DF), presidente do Centro Cristão de Estudos, autor de *O Caminho do Coração* e *A Espiritualidade, a Igreja e a Sociedade*

"Este é um livro valioso e extremamente relevante. Precisamos aprender a viver os nossos dias em um relacionamento real com Deus e a permanecer nele em meio à rotina. E Tish H. Warren desvenda a verdade de que isso acontece todos os dias, mostrando a beleza da aceitação de nossas limitações, repetições e cuidados diários como parte da vida de dependência e aprendizado com Deus. É isto que já temos disponível: uma vida com Deus, com sentido e realidade, em meio aos ritmos e liturgias da vida comum. O tempo presente vivido em contato com a eternidade".

Vanessa Belmonte, autora e palestrante na área de Hospitalidade e Vida Cristã. É membro da Igreja Esperança e worker do L'Abri Brasil em Belo Horizonte-MG.

"Às vezes, a diferença entre chatice e epifania é só ver as coisas pelo ângulo certo, uma moldura que remolda tudo, até o prosaico. Este maravilhoso livrinho é esse raio de luz que ilumina o cotidiano como um espaço de santificação, onde o Espírito nos santifica de formas que podemos deixar passar".

James K. A. Smith, autor de *Você é aquilo que ama*

"*Liturgia do ordinário* é um batismo da visão. Tish Harrison Warren calorosa e sabiamente nos ajuda a encontrar Deus nos lugares mais estranhos: em pé na pia, presos no trânsito, inclinados arrumando a cama. Na verdade, nossos hábitos cotidianos estão imbuídos com a santa possibilidade de nos tornarmos novas pessoas em Cristo".

Jen Pollock Michel, autora de *O que você quer?*

"A vida e o reino de Deus nos cercam por todos os lados. Mas como encontramos essa realidade e derivamos a nossa vida da de Deus, como um ramo deriva da videira? Em *Liturgia do ordinário*, Tish Harrison Warren revela práticas simples, fundamentadas e maravilhosamente repetitivas nas coisas pequenas das nossas vidas de segunda a sexta e nos ritmos da liturgia. A Tish entendeu. Se você deixar ela ser o seu guia, você também vai entender: uma vida em Deus na sua vida cotidiana".

Todd Hunter, bispo, igreja anglicana na América do Norte, autor de *Giving Church Another Chance*

"Presentes grandes vêm em embrulhos pequenos, às vezes numa mera caixa de papelão. Tish Harrison Warren tem um talento de desempacotar essas dádivas que Deus colocou em tudo à nossa volta".

Michael Horton, professor de teologia, Westminster Seminary California, autor de *Simplesmente crente*

"Tish Harrison Warren nos mostra como que é ser [...] moldado e formado, num livro tão prático e convidativo quanto sábio. Eu não conheço outro livro que é tão cândido para louvar uma vida vivida em sincronia com o calendário eclesiástico".

Wesley Hill, professor assistente de estudos bíblicos, Trinity School for Ministry, Ambridge, Pennsylvania

"Tish Harrison Warren é tanto uma pastora quanto uma mãe que troca fraldas sujas. Ela incorpora a elevada vocação da igreja e a elevada vocação do lar e, com essa vocação dupla, escreveu um livro de tremenda importância [...] Tish escreve com franqueza, sabedoria e inteligência sobre a sacralidade do viver cotidiano. O melhor elogio que eu posso dar é que o seu livro me inspirou a voltar para a minha pia lotada de louças e meus filhos chorões com um senso de propósito renovado".

Andrea Palpant Dilley, editor colaborador, *Christianity Today*

"Se o cristianismo quer reter o seu testemunho na nossa era frenética e fragmentada, ele precisa se enraizar não só nos pensamentos e nas emoções, mas também nas vidas diárias e até mesmo nos corpos daqueles que invocam Cristo como Senhor. Tish Harrison Warren 'encarnou' de uma forma muito bela os conceitos e as doutrinas da nossa fé em momentos cotidianos, mostrando como cada hora de cada dia pode se tornar uma ocasião de graça e renovação. Se você quer saber como a fé importa em cozinhas bagunçadas, manuscritos inacabados, brigas conjugais e camas por fazer, *Liturgia do ordinário* vai treinar os seus olhos para ver santa beleza por todo lado".

Katelyn Beaty, editor de gerenciamento de impressão, *Christianity Today*

"Neste momento da cultura, quando muita coisa parece complicada e vazia, Tish Harrson Warren oferece uma bela e vívida narrativa: um caminho rumo ao ordinário sagrado. Este livro é gentil na sua simplicidade e rico na sua sabedoria. Eu gostaria de ter lido ele há uma década".

Micha Boyet, autora de *Found*

"Este belo livro vai tirar a poeira de seus dias desbotados e revelar o extraordinário que se encontra no ordinário. Nenhuma tarefa diária comum vai ser a mesma depois dessas páginas abrirem os seus olhos para como a obra das suas mãos reflete os caminhos do Criador e os ritmos da eternidade".

Karen Swallow Prior, autora de *Booked* e *Fierce Convictions*

Tish H. Warren

Liturgia do Ordinário

**práticas sagradas
na vida cotidiana**

Tradução
Guilherme Cordeiro Pires

Publicado originalmente em inglês por InterVarsity Press como *Liturgy of the Ordinary* por Tish Harrison Warren. © 2016 por Lutitia Harrison Warren. Traduzido e publicado com permissão da InterVarsity Press, P.O. Box 1400, Downers Grove, IL 60515, EUA. Site: www.ivpress.com

Copyright da tradução © Pilgrim Serviços e Aplicações LTDA., 2019.

Todas as citações bíblicas foram extraídas da Versão *Almeida Revista e Atualizada* (ARA), salvo indicação em contrário.

Os pontos de vista dessa obra são de responsabilidade dos autores e colaborados diretos, não refletindo necessariamente a posição da Pilgrim Serviços e Aplicações, da Thomas Nelson Brasil ou de suas equipes editoriais.

Tradução: *Guilherme Cordeiro Pires*
Revisão: *Adalberto Nunes e Brunna Castanheira Prado*
Preparação: *Arthur Guanaes*
Capa: *Bárbara Lima Vasconcelos e Ana Salomão*
Diagramação: *Marcos Jundurian e Aline Maria Santos*
Edição: *Guilherme Cordeiro Pires*
Produção gráfica: *Larissa Flores e Ana Salomão*

PROIBIDA A REPRODUÇÃO POR QUAISQUER MEIOS, SALVO EM BREVES CITAÇÕES, COM INDICAÇÃO DA FONTE

CIP – BRASIL. CATALOGAÇÃO NA FONTE
SINDICATO NACIONAL DOS EDITORES DE LIVROS, RJ

W252L
    Warren, Tish
    1.ed
    Liturgia do ordinário : práticas sagradas na vida cotidiana / Tish Warren; tradução de Guilherme Cordeiro Pires. – 2.ed. – São Paulo : Pilgrim Serviços e Aplicações; Rio de Janeiro : Thomas Nelson Brasil, 2021.
    224 p. ; 13,5 x 20,8 cm.
    Bibliografia.
    Título original : Liturgy of the ordinary
    ISBN : 978-65-56891-65-1
    1. Espiritualidade. 2. Literatura devocional. 3. Liturgia. 4. Moral cristã. 5. Vida cristã. I. Pires, Guilherme Cordeiro. II. Título.

CDD 241

Bibliotecário responsável:
Aline Graziele Benitez (CRB-1/3129)

Todos os direitos reservados a Pilgrim Serviços e Aplicações LTDA.
Alameda Santos, 1000, Andar 10, Sala 102-A
São Paulo — SP — CEP: 01418-100
www.thepilgrim.com.br

Para Jonathan
Meu amor, meu amigo, como foi o seu dia?

Sumário

Prefácio à edição brasileira de Igor Miguel 15

Prefácio de Andy Crouch 19

1. **Acordando**
   Batismo e aprendendo a ser amada 25

2. **Arrumando a cama**
   Liturgia, ritual e o que forma uma vida 39

3. **Escovando os dentes**
   Ficando em pé, ajoelhando, prostrando e vivendo em um corpo 57

4. **Perdendo a chave**
   Confissão e a verdade sobre nós mesmos 73

5. **Comendo as sobras de ontem**
   Palavra, sacramento e nutrição negligenciada 87

6. Brigando com o meu marido
Passar a paz e a obra cotidiana da Shalom 105

7. Conferindo o e-mail
Bênção e envio 123

8. Ficando presa no trânsito
O tempo litúrgico e um Deus sem pressa 143

9. Ligando para uma amiga
Congregação e comunidade 161

10. Bebendo chá
Santuário e sabor 179

11. Dormindo
Sábado, descanso e a obra de Deus 197

Agradecimentos 217

Prefácio à edição brasileira

Igor Miguel

Lembro-me quando fui pela primeira vez a uma das conhecidas casas de estudos associadas ao grande intelectual evangélico Francis Schaeffer. Eu visitava o L'Abri Brasil. Cheguei naquele lugar acolhedor ainda com uma mente dualista, uma espiritualidade que me furtava a realidade e tirava meus "pés do chão". Infelizmente, este gnosticismo pseudo-evangélico não somente era ineficiente para me afastar do mundanismo, mas acabava me distanciando da própria criação. Eu caía naquilo que a teologia patrística chama de *blasphemia Creatoris*, uma blasfêmia contra o Criador.

No ambiente de hospitalidade que lá vivenciei, logo me chamou a atenção coisas ordinárias como canecos, café, flores, quadros, música e livros. Cada um desses objetos comuns era intencional e cuidadosamente disposto. Com raízes em Edith Schaeffer, eles faziam parte de um belíssimo currículo, um convite ao reencontro com a realidade.

Foi assim, no melhor exemplar de hospitalidade evangélica, que reencontrei o ordinário. Porém, com um olhar de sacralidade. Naquele contexto, o evangelho me salvava do secularismo que antes me afastava dos canecos, café, flores, quadros, música e livros.

Ainda em língua inglesa, o livro de Tish chegou em minhas mãos por causa de uma indicação do filósofo do Calvin College, James K.A. Smith. Ela só confirmaria o que já vinha experimentando e fazia parte da minha vida há mais de 8 anos.

Eu já estava familiarizado com o tema desde a trilogia "Liturgias Culturais" de Smith. Só que Tish verticaliza e apresenta em termos muito simples como resgatar sentido e transcendência em ritos prosaicos.

Liturgia do Ordinário resgata a noção de que não há nenhum problema na repetição, mas a necessidade inovista por autenticidade e novidade pode ser fruto de uma cultura superficial e pouco ancorada em uma visão da eternidade. No final, é precisamente tal superficialidade que produz uma secularização da vida.

No livro, práticas corriqueiras como acordar, arrumar a cama, escovar os dentes, perder as chaves, comer, responder emails, a vida de casado, ficar preso no engarrafamento, cultivar amizades, tomar um chá e dormir tornam-se momentos litúrgicos que se conectam ou se engrenam com outras instâncias litúrgicas e com a narrativa cristã.

Tish insiste que não há tarefas que possam ser consideradas pequenas ou de menor valor espiritual. Toda rotina pode ser uma plataforma litúrgica que reflete a glória de Deus. Parafraseando a autora, como se vive este dia ordinário em Cristo é o que determinará como será toda a vida cristã. Por isso, gestos relacionados à organização da vida doméstica, como arrumar a cama, podem remeter pedagogicamente à narrativa da criação quando Deus transformou o caos em uma belíssima ordem criativa. Desta forma, um gesto considerado comum, agora conecta-se liturgicamente com a narrativa bíblica do Gênesis.

Examinar a vida diária sob "lentes litúrgicas" torna cada gesto diário parte de uma ordem pedagógica e um currículo do discipulado cristão. E, de fato, a vida espiritual do cristão precisa ser pautada em disciplinas que são calmas, repetitivas e ordinárias, e não na obsessão pós-moderna por estímulos, experiências e autenticidade.

Para se tratar o tema liturgia é necessário retomar noções importantes como o fato de que nossa história não é resultado meramente de um esforço individualista ou autobiográfico. Ao contrário, ela agora é parte da história do povo de Deus, ou ainda, nos termos da autora: a "história de todos os crentes ao longo do tempo, que, juntas, são partes da história eterna de Cristo".

Ao longo da obra, os temas e ritos ordinários são costurados e permeados por noções como ressurreição, finitude, queda, humilhação, arrependimento, reparação, gratidão, sacramentos, narrativa bíblica, superação de falsas devoções, maravilhamento, shalom, tempo litúrgico, vida congregacional e sábado (descanso).

O esforço de Tish é resistir à força do secularismo onde ela parece mais agressiva: em nossa rotina doméstica. Ironicamente, no lugar onde o secularismo mais se esforça para segregar a confessionalidade cristã é precisamente onde ele teve mais êxito, ou seja, na vida privada. Trazer Deus para dentro da vida comum, é de alguma forma, ser contra-formativo, envolve saturar cristãos com Cristo e ter a vida educada por essa nova realidade. Sem dúvida, vidas formadas e corações calibrados e ritmados pela visão do Reino de Deus, tendem a ser mais missionais e mais publicamente cristãos.

Enfim, a obra que o leitor tem em mãos é um convite para redescobrir a beleza da vida, não porque a temporalidade em si seja fonte de alguma graça, mas porque olhar para o ordinário, a partir da extraordinariedade de Deus, faz com que tudo assuma a cor e a forma da graça divina. Se tudo é dádiva, por tudo temos que ser gratos. Nossa rotina não é fonte de sentido, mas também não pode ser fonte de alienação do sagrado. O ordinário deve assumir uma função, quase como um meio de graça. Mas, para isso, é necessário retomar a noção de que nosso mundo deve ser transparente, como um vitral, através do qual os raios da eternidade e da glória de Deus penetram nosso mundo.

Igor Miguel, pedagogo e pastor na Igreja Esperança (Belo Horizonte, MG).

Prefácio

Andy Crouch

A estrutura deste livro é simples com um toque de genialidade. É como um dia, desde os nossos primeiros momentos ao acordar de manhã na primeira página até cairmos no sono na última. Nada mais e nada menos. Mas, no meio disso, com o dom de escritor (na verdade, de poeta) de desacelerar e prestar o melhor tipo de atenção, Tish Harrison Warren conecta os momentos de um dia ordinário com o padrão extraordinário da liturgia cristã clássica.

Ao fazê-lo, Tish destrói a mais teimosa das heresias cristãs: a ideia de que há uma parte sequer das nossas vidas que é secular, intocada e desconectada da obra real sagrada de culto e oração. Essa distorção da condição humana assumiu muitas formas ao longo dos séculos, embora devesse ter sofrido um golpe decisivo pela vida terrena de Jesus como Filho do Homem e Filho de Deus. Ela assume muitas formas nos nossos dias. Algumas são mais fáceis de reconhecer do que outras. Há a nossa tendência de falar do templo como se fosse, de alguma forma, mais importante para Deus do que o ambiente de trabalho ou o lar, e aqueles que são (como Tish) especialmente ordenados para trabalhar ali como sendo, de alguma forma, mais próximos de Deus do que os que trabalham na loja de conveniência ou no escritório.

Mas também há a busca mais sutil por uma vida apropriadamente "radical", uma vida de sacrifício e serviço abundantes, uma vida que pareça obviamente separada para algo a mais do que a vida mundana e (começamos a pensar) sem importância. Nesta versão daquele antigo erro, o trabalho sem fins lucrativos é mais espiritual do que o com fins lucrativos; bairros de periferia são mais espirituais do que os nobres; bicicletas são mais espirituais do que *sedans*.

Sendo consagrada ao ministério e tendo investido a sua vida para servir aos pobres materiais e espirituais de uma forma radical, Tish é a pessoa perfeita para nos ajudar a descobrir quão errôneas são essas distinções entre sagrado e secular. Como todas as heresias, esta aqui só pode ser derrotada pela beleza da ortodoxia, e a bela ortodoxia que mina toda a nossa tola secularização é aquela doutrina cristã que nunca deixa de ser surpreendente: a encarnação. O Verbo se tornou carne. O Verbo foi pescar. O Verbo dormiu. O Verbo acordou com mau hálito. O Verbo escovou os dentes, ou teria escovado, se o Verbo fosse um americano do século vinte e um ao invés de um judeu do século primeiro. Essa crença cristã singular é incrível, francamente horripilante e transformadora.

E é igualmente maravilhoso que a genialidade deste livro consista em nos mostrar que a destruição vai no outro sentido também. Na opinião de Tish e na experiência de qualquer cristão honesto, a própria liturgia sagrada é nada mais que ordinária a maior parte do tempo. Fazemos as mesmas orações, os mesmos gestos, chegamos e saímos, em certo sentido, do mesmo jeito do que no domingo passado e no domingo que vem. (O que é igualmente verdade, é claro, para cristãos que adoram em igrejas não litúrgicas!)

Não é só que o secular está permeado com o sagrado. O próprio culto é composto por coisas ordinárias. Usamos palavras comuns. Algumas das palavras mais gloriosas no *Livro de Oração Comum* de Thomas Cranmer são, bem, comuns e claras o suficiente para te fazerem chorar: "não fizemos o que deveríamos fazer e fizemos o que não deveríamos fazer, e não há bem algum em nós". Somos batizados com água comum. Comemos pão e vinho comuns. E tudo é feito por pessoas comuns.

Mas tudo isso está longe de ser ordinário. Os nossos corpos, os nossos prazeres, os nossos medos, a nossa fatiga, as nossas amizades, as nossas lutas: na verdade, é disso que é feita a nossa formação e transformação nas frágeis, mas infinitamente dignas, criaturas que fomos feitos para ser e que nos tornaremos. Os nossos momentos de exaltação e nossos bocejos reprimidos: todos andam juntos, partes da vida que, como um todo, devemos oferecer a Deus dia a dia, bem como domingo a domingo, a vida que Deus assumiu na sua própria vida. É a vida que o próprio Cristo assumiu e assim resgatou e redimiu.

Com os seus momentos hilários e com suas descrições de uma vida vivida imperfeitamente, mas bem vivida, esta é a grande bênção de um livro, um livro ordinário, de certa forma, mas também nada ordinário. Toma e lê. Provai — não só o vinho e o pão, mas também misto quente e café — e vede. O Senhor é bom. Cada centímetro quadrado das nossas vidas, a cada segundo, é dele.

Andy Crouch, sócio do Praxis Lab e autor de *Sabedoria digital para a família* (Pilgrim, 2019).

É bom lembrar que a vida não consiste numa série de ações ilustres ou elegantes alegrias; a maior parte do nosso tempo é gasta com satisfazer necessidades, realizar nossas tarefas diárias, remover inconveniências irrisórias, procurar pequenos prazeres.

DR. JOHNSON

É um mistério cotidiano que o dia a dia possa levar a tanto desespero e ainda assim estar no cerne da nossa salvação [...] Queremos que a vida tenha sentido, queremos realização, cura e até êxtase, mas o paradoxo humano é que encontramos tudo isso começando onde estamos [...] Precisamos procurar por bênçãos em lugares improváveis, cotidianos.

KATHLEEN NORRIS

Que não devemos nos cansar de fazer pequenas coisas pelo amor a Deus, que não leva em conta a grandeza da obra, mas o amor com o qual é feita. Que não devemos nos surpreender se, no início, frequentemente falhamos nos nossos esforços, mas que quando finalmente fazemos disso um hábito, que naturalmente produz seus atos em nós, sem a nossa atenção, e para o nosso grande e intenso júbilo.

IRMÃO LOURENÇO

1
Acordando
Batismo e aprendendo a ser amada

Eu acordo devagar. Mesmo quando o dia pede para eu sair correndo, quando as minhas filhas pulam em cima de mim com seus cotovelos finos ou o meu alarme dispara, eu continuo deitada nos primeiros segundos do dia, atordoada, me orientando, com os pensamentos paralisados. Então surge lentamente a aurora de planos a fazer e de objetivos para o dia. Mas, nesses primeiros delicados segundos, a pausa de olhos sonolentos do acordar, antes de eu entrar no jogo, eu sou recebida novamente com a verdade de quem eu sou no meu eu mais básico.

ACORDANDO

Quer crianças, quer chefes de Estado, ficamos sentados de pijama por um momento, bocejando, com o cabelo despenteado e com mau hálito, improdutivos, tateando em direção ao dia. Logo, abotoaremos as nossas identidades: mães, empreendedores, estudantes, amigos, cidadãos. Passaremos o nosso dia como conservadores ou esquerdistas, ricos ou pobres, sinceros ou cínicos, relaxados ou sérios. Mas, quando primeiro emergimos do sono, somos nada mais que humanos, nada impressionantes, vulneráveis, recém-nascidos para o dia, piscando à medida que as nossas pupilas se ajustam à luz e os nossos cérebros retornam à consciência.

Eu sempre tento ficar mais na cama. O meu corpo tem ganância pelo sono: "só mais um minutinho!".

Mas eu não tenho ganância só pelo sono: é por essa encruzilhada, por essa consciência liminar, onde estou num certo aconchego, não muito alerta para as demandas que me esperam. Eu não quero encarar a luta, grande ou pequena, que me espera no dia de hoje. Eu não quero trajar uma identidade ainda. Eu quero ficar no ventre das minhas cobertas um pouquinho mais.

⦁

É notável que, quando o Pai declara no batismo de Jesus: "Este é o meu Filho amado, em quem me comprazo", Jesus ainda não tinha feito muita coisa que acharíamos impressionante. Ele não tinha curado ninguém nem resistido a Satanás no deserto. Ele ainda não tinha sido crucificado nem ressurgido. Faria mais sentido se o orgulhoso anúncio do Pai viesse depois de algo grande e glorioso, o momento triunfante depois de alimentar uma multidão ou a grande revelação depois de Lázaro ressurgir.

Mas, depois de ouvir sobre o nascimento de Jesus e uma breve história da sua infância, nos deparamos com ele já crescido às margens do Jordão. Ele é mais um na multidão, forçando a vista no sol, com areia entre os seus dedos. Aquele que é digno de adoração, glória e trombetas passou décadas na obscuridade e no ordinário. Como se a própria encarnação não fosse alucinante o suficiente, o Deus encarnado passou os seus dias quietinho; um homem que ia trabalhar, ficava com sono e vivia uma vida prosaica dentre pessoas comuns.

Jesus emerge da água como um plebeu, molhado e despenteado. E subitamente o Espírito de Deus aparece, e o profundo mistério do universo reverbera pelo ar: este é o Filho de Deus, o Filho que o Pai ama, em quem ele se compraz.

Jesus foi primeiro enviado ao deserto e depois ao seu ministério público. Mas ele foi enviado com uma declaração de amor do Pai.

Jesus é eternamente amado pelo Pai. Toda atividade sua se desdobra da sua identidade como o Amado. Ele amava os outros, curava, pregava, ensinava, repreendia e redimia não para ganhar a aprovação do Pai, mas por sua certeza enraizada no amor do Pai.

O batismo é a primeira palavra de graça falada a nós pela igreja.

Na minha tradição, o anglicanismo, batizamos bebês. Antes de eles conseguirem entender cognitivamente a história de Cristo, antes de eles conseguirem recitar um credo, antes de eles conseguirem se sentar, usar o banheiro ou contribuir significativamente para o trabalho da igreja, a graça é pronunciada sobre eles, e eles são aceitos como parte de nós. Eles são contados dentre o povo de Deus antes de terem qualquer coisa para oferecer.

Quando as minhas filhas foram batizadas, tivemos uma grande festa com cupcakes e champagne. Juntos com a nossa comunidade, cantamos "Jesus Loves Me" [Jesus me ama][1] para os recém-batizados. Foi uma proclamação: antes de vocês saberem, antes de vocês duvidarem, antes de vocês confessarem, antes de vocês conseguirem cantar junto, vocês são amados por Deus, não pelo seu esforço próprio, mas pelo que Cristo fez por vocês. Nós somos fracos, mas ele é forte.

Em muitas igrejas litúrgicas, fontes batismais se localizam no início do santuário. Quando as pessoas entram na igreja para o culto, elas passam por ali. Isso simboliza como o batismo é a entrada no povo de Deus. Isso lembra que, antes de começarmos a adorar, antes de até mesmo sentarmos na igreja, somos marcados como um povo que pertence a Jesus pela graça somente, envolvidos pelas boas novas, que recebemos como um dom de Deus e dos crentes que vieram antes de nós.

À medida que os fiéis entram no santuário e passam a fonte, eles molham os seus dedos ali e fazem o sinal da cruz. Eles fazem isso como um ato de recordação: lembrando o seu batismo e recordando que eles são amados e aprovados por causa da obra de Jesus. Quando a minha filha mais velha era bem novinha, quando mal sabia andar, eu a levantava na fonte batismal na entrada do nosso santuário e deixava ela tocar a água. Eu sussurrava: "lembre-se do seu batismo". Ela não conhecia ainda as palavras da liturgia ou a teologia dos

---

[1] Referência a um corinho infantil bem-conhecido no mundo de fala inglesa. [N. T.]

sacramentos, mas essa experiência visceral — a dura bacia da fonte e a água fria nos seus dedos — foi a sua entrada no culto. Segundo o teólogo luterano Martin Marty, os luteranos aprendem a começar cada dia, antes de mais nada, fazendo o sinal da cruz como um lembrete do seu batismo.[2] Dorothy Bass explica esta prática: "para todos os cristãos, o batismo significa a libertação do pecado de ontem e a recepção da promessa de amanhã: passando pela água, o velho eu é sepultado na morte de Cristo; saindo da água, o eu é renovado, unido ao Cristo ressurreto". Martinho Lutero exortava cada membro da sua comunidade a considerar o batismo "como o uniforme diário que se deve usar a todo tempo".[3]

Entramos cada novo dia como entramos no santuário: lembrando o nosso batismo. A cada manhã, Marty faz o sinal da cruz, o que ele chama de sua "oração não verbal". Ele lembra novamente que é perdoado de tudo que veio antes e que haverá graça o suficiente para tudo que virá.[4]

Eu fui batizada numa pequena igreja batista, numa cidadezinha no Texas, quando eu tinha cerca de seis anos de idade. Eu não me lembro de muita coisa. Eu me lembro, pelo menos eu penso que lembro, da sensação esquisita do meu grande robe ondulando na água morna; lembro-me de aproveitar todos os abraços e atenção dos adultos depois e de ficar impressionada por então poder beber suco de uva na igreja; e me lembro das fotos que eu vi num pequeno álbum de um eu pequenininho

---

2   Veja o capítulo de Martin Marty em *How I Pray*, ed. Jim Castelli (Nova Iorque: Ballantine Books, 1994), p. 89.
3   Dorothy Bass, *Receiving the Day: Christian Practices for Opening the Gift of Time* (São Francisco: Jossey-Bass, 2000), p. 20.
4   Marty, *How I Pray*, p. 89.

com um cabelo molhado e um sorriso sapeca na frente de uma casinha de tijolos com um campanário.

> *Somos marcados desde o nosso primeiro momento da manhã por uma identidade que nos foi dada pela graça: uma identidade que é mais profunda e mais real do que qualquer outra identidade que vestiremos nesse dia.*

Mas, por "lembrar o nosso batismo", não quero dizer que precisamos literalmente recordar os detalhes históricos de um evento na nossa vida, que eu pessoalmente mal consigo lembrar. Pelo contrário, eu recordo que, numa manhã de domingo, quando eu fui imersa na água "em nome do Pai, do Filho e do Espírito Santo", eu fui marcada. Na liturgia batismal anglicana, nós falamos aos recém-batizados que eles foram "selados pelo Espírito Santo no batismo e marcados como pertencentes a Cristo para sempre". Gálatas nos diz que nos vestimos de Cristo no batismo (Gl 3.27), vestidos do Filho Amado em quem o Pai se compraz. Para usar a imagem mais assustadora de Paulo, naquela dia, quando eu tinha seis anos, eu morri e fui sepultada e então, revertendo toda a ordem do universo, eu nasci de novo com Cristo (Rm 6.3-5).

Como cristãos, acordamos a cada manhã como batizados. Somos unidos a Cristo e a aprovação do Pai é declarada sobre nós. Somos marcados desde o nosso primeiro momento da manhã por uma identidade que nos foi dada pela graça: uma identidade que é mais profunda e mais real do que qualquer outra identidade que vestiremos nesse dia.

Meus dedos molhados na fonte batismal me lembram de que tudo que eu faço na liturgia — toda a confissão e canto, o ajoelhar-se e o rito da paz, o tédio, o êxtase, a devoção — é uma resposta à obra e à iniciativa de Deus. E antes de começarmos as liturgias do nosso dia — cozinhar, ficar presa no trânsito, mandar e-mails, cumprir tarefas, trabalhar, descansar — começamos como amados. As minhas obras e o meu culto não merecem coisa nenhuma. Pelo contrário, eles fluem do amor, dom e obra de Deus em meu favor. Eu não sou definida primariamente pelas minhas capacidades ou estado civil ou voto ou meus sucessos ou fracassos ou fama ou obscuridade, mas como alguém selada no Espírito Santo, oculta em Cristo e amada pelo Pai. O meu eu nu é um eu batizado.

Essa realidade se esvai da minha alma rapidamente. Os dias podem passar num tumulto de falta de tempo, impaciência e distração. Eu trabalho para construir a minha própria beatitude, me esforço para uma amabilidade feita por mim mesma. Mas, a cada manhã, nesses primeiros singelos momentos, ao simplesmente ser a amada de Deus fedida e sonolenta, eu recebo novamente a graça, a vida e a fé como uma dádiva. A graça é um mistério e o alegre escândalo do universo.

Neste livro, analisaremos práticas: como passamos os nossos dias, como adoramos coletivamente. Mas, antes de começarmos, precisamos observar que, embora esses rituais e hábitos possam nos formar como um povo alternativo marcado pelo amor e pela nova vida de Jesus, eles não são o que nos tornam amados. A realidade por trás de cada prática na nossa vida é o Deus trino e a sua história, misericórdia, abundância, generosidade, iniciativa e prazer.

Nesta manhã, eu acordo (lentamente) em mais um dia ordinário, uma fria manhã no meio de março. Eu não sei o que está à minha frente, mas eu acordo numa cama que eu conheço, numa casa em que eu vivo, numa rotina, numa vida particular, *in media res*. O salmista declara: "Este é o dia que o Senhor fez". Este aqui. Não acordamos para uma misericórdia vaga ou genérica de um Deus distante. Deus, com prazer e em sabedoria, fez, nomeou e abençoou este dia comum. O que eu na minha fraqueza vejo como mais um dia monótono numa série de dias, Deus me deu como um presente singular. Quando Jesus morreu pelo seu povo, ele me conhecia pelo nome na particularidade deste dia. Cristo não redimiu a minha vida teoricamente ou abstratamente, a vida que eu sonhei viver ou a vida que eu pensava que deveria viver, idealmente. Ele sabia que eu estaria hoje do jeito que estou, na minha casa do jeito que está, nos meus relacionamentos com sua beleza e miséria específicas, nos meus pecados e lutas peculiares.

> *A nova vida em que somos batizados é vivida em dias, horas e minutos. Deus está nos formando como novas pessoas. E o lugar dessa formação é os pequenos momentos do hoje.*

No seu livro *A conspiração divina*, Dallas Willard nos lembra de que onde "a transformação realmente se dá é na nossa vida real, onde habitamos com Deus e o nosso próximo [...] Primeiro, precisamos aceitar as circunstâncias em que constantemente nos encontramos como o lugar do reino e bênção de Deus. Deus nunca abençoa uma pessoa sem ser onde ela está".[5]

---

5   Dallas Willard, *The Divine Conspiracy: Rediscovering Our Hidden Life in God* (Nova Iorque: Harper Collins, 1998), p. 347-48. Agradeço ao Pe. Kenny Benge por esta referência.

A nova vida em que somos batizados é vivida em dias, horas e minutos. Deus está nos formando como novas pessoas. E o lugar dessa formação são os pequenos momentos do hoje. Alfred Hitchcock disse que os filmes são "a vida sem as partes chatas".[6] Perseguições de carros e primeiros beijos, enredos intrigantes e boas conversas. Nós não queremos assistir ao nosso protagonista dando uma caminhada, preso no trânsito ou escovando os seus dentes, pelo menos não por muito tempo e sem uma boa trilha sonora. Temos a tendência de querer uma vida cristã sem as partes chatas.

Todavia, Deus nos fez passar os nossos dias em descanso, trabalho e lazer, cuidando dos nossos corpos, das nossas famílias, da nossa vizinhança, dos nossos lares. E se todas essas partes entediantes importassem para Deus? E se os dias transcorridos de formas que parecem pequenas e irrelevantes para nós são densas e significativas e parte da vida abundante que Deus tem para nós?

●

Os anos ordinários de Cristo são parte da história da nossa redenção. Por causa da encarnação e desses longos e esquecidos anos da vida de Jesus, as nossas vidas pequenas e normais importam. Se Cristo foi um carpinteiro, todos nós que estamos em Cristo vemos que o nosso trabalho é santificado e consagrado. Se Cristo passou um tempo em obscuridade, então há uma dignidade infinita na obscuridade. Se Cristo gastou a

---

6 Donald Spoto, *Alfred Hitchcock: Fifty Years of His Motion Pictures* (Nova Iorque: Anchor Books, 1992), p. 41.

maior parte da sua vida de forma cotidiana, então a vida toda está sob o seu senhorio. Não há atividade pequena demais ou rotineira demais para refletir a glória e dignidade de Deus. Eu tenho um amigo que era missionário em Calcutá vivendo entre os mais pobres dos pobres. Ele me disse que o que lhe chocava era como a vida era prosaica mesmo num lugar tão estranho e desafiador. A sua decisão de viajar para lá parecia ousada e corajosa, mas ele se surpreendeu ao saber que, não importava onde ele estava na terra, boa parte do seu dia consistia em se sentar com outra pessoa, tratar de ocupações e tarefas domésticas, cuidar do seu próprio corpo, conhecer o seu próximo, buscar amar as pessoas, às vezes bem, às vezes mal. Quer você seja Madre Teresa, quer você seja uma dona de casa, quer você seja um revolucionário, um estudante ou um auditor, a vida é vivida em dias de vinte e quatro horas. Nós temos corpos; a nossa energia acaba; aprendemos devagar; todo dia acordamos e não sabemos o que nos espera.

Nestas páginas, olharemos para a vida em um dia. Olharemos para a fé em pequenos momentos, a formação espiritual em sua forma molecular: não porque isso é tudo que importa, mas porque a única vida que qualquer um de nós viverá é como uma humanidade cotidiana e prosaica.

Eu gosto de grandes ideias. Eu posso me embriagar de tanto falar de justificação, eclesiologia, pneumatologia, cristologia e escatologia. Mas essas grandes ideias se apoiam, são vividas, cridas e encarnadas, nos pequenos momentos do nosso dia, nos lugares, estações, lares e comunidades que compõem as nossas vidas. Annie Dillard celebremente escreveu: "obviamente, como passamos o nosso dia é como passamos as nossas vidas".[7] Eu me

---

7   Annie Dillard, *The Writing Life* (Nova Iorque: Harper & Row, 1989), p. 32.

deparei com as palavras de Dillard alguns anos antes de entrar no seminário e, por todos esses anos de estudo teológico denso, eu as mantive por perto. Elas me lembravam de que hoje é o campo de treinamento do que eu creio e de quem eu adoro.

E a cada novo dia, esta é a rodada que o meu coração precisa jogar: eu estou vivendo esta vida, a que está bem na minha frente. Esta aqui em que casamentos são difíceis. Esta aqui em que não estamos vivendo como deveríamos ou como gostaríamos. Esta aqui onde estamos cansados, onde queremos fazer a diferença, mas não temos certeza de onde começar, onde precisamos colocar comida na mesa e escovar os dentes das crianças, onde temos dor nas costas e semanas entediantes, onde as nossas vidas parecem pequenas, onde temos dúvidas, onde lutamos com a falta de sentido, onde nos preocupamos com quem amamos, onde lutamos para encontrar o nosso próximo e amar os mais íntimos, onde ficamos de luto, onde esperamos.

E neste dia particular, Jesus me conhece e declara que sou dele. Neste dia, ele está redimindo o mundo, avançando o seu reino, nos chamando para nos arrepender e crescermos, ensinando a sua igreja a adorar, se aproximando de nós e nos tornando um povo todo seu.

Se é para passar toda a minha vida sendo transformada pelas boas novas de Jesus, eu preciso aprender como verdades grandiosas e arrebatadoras — doutrina, teologia, eclesiologia, cristologia — entram na textura de um dia comum. Como eu passo esse dia ordinário em Cristo é como eu vou passar a minha vida cristã.

Perguntas para discussão e práticas sugeridas

No final de cada capítulo, temos algumas perguntas para reflexão, que você pode responder num diário ou discutir com um grupo. Há várias práticas listadas para cada capítulo. Leia cada uma e veja qual parece melhor para você. (A expectativa não é que você faça todas elas como se fosse uma lista de tarefas). Se você está se reunindo em grupo, confiram entre si as práticas adotadas e qual foi o resultado.

1. Você normalmente acorda rapidamente ou devagar? Animado ou sonolento?

2. Num dia típico, quais são os seus primeiros pensamentos quando você acorda? Como eles moldam o seu dia e a sua vida?

3. Que práticas podem te ajudar a lembrar, no seu primeiro momento acordado, que você é amado e faz parte do povo de Deus?

4. É difícil acreditar que você é amado por Deus? Se sim, quais são alguns dos obstáculos para abraçar a sua identidade como amado?

5. O que você lembra sobre o seu batismo ou o que te disseram sobre ele? Como o seu batismo afetou a sua vida e a sua visão de Deus e da igreja?

6. A autora diz: "Temos a tendência de querer uma vida cristã sem as partes chatas". Você luta com isso? Se sim, como?

7. O que você acha que os "anos ordinários" da vida de Jesus, em geral não registrados, significam para nós? Para o nosso entendimento de Deus, do culto e da missão?

8. A autora cita Annie Dillard: "obviamente, como passamos o nosso dia é como passamos as nossas vidas". Como isso impacta a maneira como você pensa sobre os seus dias e a sua vida cristã?

Práticas sugeridas

1. A cada manhã, antes de mais nada, lembre o seu batismo e amabilidade ou fazendo o sinal da cruz, ou dizendo em voz alta "eu estou vestido em Cristo e amado por Deus", ou outro gesto à sua escolha. Observe como isso impacta o seu dia e escreva sobre isso ou discuta com um amigo.

2. Se você não é batizado, fale com o seu pastor sobre o batismo. Se você é, veja como você pode se lembrar dele ou pergunte a outros que estavam ali sobre o que eles lembram.

3. Leia a história do batismo de Jesus na Bíblia.

2
Arrumando a cama

Liturgia, ritual e o que forma uma vida

Alguns anos atrás, logo antes da quaresma, eu fiquei curiosa sobre como arrumar a cama. Particularmente, me ocorreu que milhares, talvez milhões, de adultos arrumavam as suas camas; o que era surpreendente para mim, porque eu nunca arrumava. Eu assumia que a maior parte das pessoas, fora um pequeno grupo de super-humanos perfeitos do Pinterest, não arrumava as suas camas a não ser que elas estivessem dando uma festa ou se a mãe delas estivesse de visita. Eu sei que os devotos à arrumação de cama acham isso difícil de imaginar, mas na minha cabeça arrumar a cama era algo que deveríamos todos fazer o mais rápido possível, como usar aparelho ou fazer o dever de casa de matemática.

Qual é o sentido? Você vai desfazer ela de novo à noite. É uma atividade sisifiana. Arrumar a cama, desfazer ela, arrumar de novo, vez após outra. E para quê? A louça precisa ser lavada para você reutilizá-la; a roupa suja precisa ser lavada para você ter roupas limpas (embora eu evite o máximo possível). Mas a cama funciona tão bem com o lençol desarrumado quanto com ele esticado e simétrico. Não me entenda mal: eu gosto da sensação de subir numa cama bem arrumada, especialmente com lençóis bem limpinhos, mas não a ponto de arrumar ela para ficar assim.

Por causa dessa curiosidade recém-descoberta, eu perguntei a uma amiga mais próxima sobre se ela arrumava a sua cama. Ela arrumava. Não diariamente, mas na maioria das vezes sim. Só que o engraçado era que ela só arrumava logo antes de dormir. Bem, isso não fazia sentido e me intrigou completamente. Então eu fui para o Facebook e fiz uma pesquisa informal perguntando quem arrumava a sua cama e com qual frequência. Muitas pessoas responderam de uma forma surpreendentemente apaixonada.

Tinha gente que arrumava diariamente, antes de mais nada, zelosamente. Outras pessoas, nunca. Alguns pensavam que era um absurdo sequer considerar, enquanto outros pensavam que não arrumar a cama era o mesmo que não escovar os dentes ou pagar os seus boletos: algo que merecia repulsa, talvez até prisão. Muitos arrumavam a cama vez ou outra, talvez em três dias a cada semana. Um número assustador de pessoas só arrumava de noite. Alguns me prometeram que arrumar a cama iria mudar a minha vida, que eu seria mais bem-sucedida, feliz e produtiva com uma cama feita.

Naquela época, a minha rotina matinal era pegar o meu celular logo depois de acordar. Como uma cafeína digital, estimulava o meu cérebro anuviado para ficar coerente e ativo. Antes de sair da cama, eu checava o meu e-mail, corria os olhos por algumas notícias, dava uma olhada no Facebook ou no Twitter. Se os seres humanos salvam um animal silvestre filhote, ocorre com o animal o que se chama de *imprinting*. Ele aceita o ser humano como sua mãe. Desse ponto em diante, ele vai acreditar que todas as boas coisas vêm de pessoas. Ele não é mais um "animal silvestre" e não pode mais sobreviver por conta própria. O centro ecológico na minha cidade abriga animais assim: pumas, guaxinins e porcos-espinhos bebês que dependem de seres humanos para alimentação, água, abrigo e proteção.

O meu ritual matinal com o celular era breve, não mais do que cinco ou dez minutos. Mas era um *imprinting*. A mãe do meu dia era a tecnologia. E como um filhote de puma adotado por humanos, eu achava que tudo de bom viria de telas brilhantes.

Sem perceber, eu lentamente construí um hábito: uma resistência firme e um medo do tédio.

A tecnologia começou a encher cada momento do dia. Logo antes do café da manhã, eu passava rapidamente pelo e-mail, Facebook, Twitter e um blog. E então repetia tudo uma hora depois. Eu ignorava os pedidos persistentes das minhas filhas por leite e lanchinhos com um "espera aí" distraída enquanto eu passava os olhos por um artigo. Eu aproveitava cinco minutos *online* enquanto almoçavam. Eu voltava de uma atividade e ficava parada com o carro ligado parado na garagem, passando os olhos por notícias no meu celular e, depois, checava de novo a minha tela antes de dormir. Eu me alimentava o dia todo de um fluxo quase constante de notícias, entretenimento, estímulos, curtidas e retweets. Sem perceber, eu lentamente construí um hábito: uma resistência firme e um medo do tédio.

•

Depois da minha pesquisa sociológica improvisada sobre arrumar a cama, eu decidi que trocaria as minhas rotinas para a quaresma daquele ano: eu iria parar de acordar e ir direto para o celular; no lugar disso, a primeira coisa que eu faria era arrumar a cama. Também decidi passar os primeiros minutos depois de arrumar a cama sentada (na cama recém-arrumada) em silêncio. Então, eu bani o meu celular do quarto.

A minha nova rotina de quaresma não me tornou incrivelmente bem-sucedida ou alegremente leve como alguns tinham prometido, mas eu comecei a notar, bem sutilmente, que o meu dia tinha um *imprinting* diferente. A primeira atividade do meu dia, o meu primeiro movimento, não era a de uma consumidora, mas a de uma colaboradora de Deus. Ao invés de buscar uma dose matinal de "infotretenimento" instantâneo de um aparelho, eu tocava a maciez tangível das minhas cobertas já bem usadas, puxava o algodão enrugado, sentia a madeira dura debaixo dos meus pés descalços. Na história da criação, Deus entrou no caos e fez ali ordem e beleza. Ao arrumar a minha cama, eu refletia esse ato criativo da forma mais minúscula e ordinária. No meu pequeno caos, eu fazia uma pequena ordem.

E então havia um pequeno espaço, um retângulo ordenado na minha casa bagunçada. E aquele retângulo, de alguma forma, escavava um pequeno espaço ordenado na minha mente bagunçada e distraída.

E eu me sentava. Às vezes, eu lia a Escritura. Era mais comum eu orar. Começava com a Oração do Senhor. Então, convidava Deus para o meu dia. Eu orava as palavras do Ofício Matinal: "Abre, Senhor, os meus lábios, e a minha boca manifestará os teus louvores..."[8]

Eu colocava as minhas ansiedades, as minhas esperanças e as minhas perguntas diante de Deus, esticando-as na sua presença como os lençóis esticados. Orava pelo meu trabalho e pela minha família, por decisões, por uma reunião agendada naquele dia. Mas, principalmente, eu convidava Deus para o meu dia e simplesmente ficava ali sentada. Em silêncio. Meio que ouvindo. Meio que só sentada.

Mas eu estava sentada com expectativas. Deus fez este dia. Ele o escreveu e o nomeou e tem um propósito para ele. Hoje, ele é o criador e o doador de todas as coisas boas. Eu mamava do silêncio como se fosse leite materno.

A maior parte dos nossos dias, e portanto a maior parte das nossas vidas, é dirigida por hábitos e rotinas.

A nossa maneira de estar no mundo nos adentra por meio do ritual e da repetição. James K. A. Smith explica que uma visão particular de "boa vida" fica impregnada em nós por meio de práticas repetitivas que motivam como vivemos e o que amamos.[9]

Todos os dias somos moldados, sabendo ou não, por práticas, rituais e liturgias que nos tornam quem somos. Nós recebemos

---

8   *Book of Common Prayer*, p. 137. O Livro de Oração Comum está citando o Salmo 51 aqui.
9   James K. A. Smith, *Desejando o reino: culto, cosmovisão e formação cultural*. Trad. A. G. Mendes. São Paulo: Vida Nova, 2018, p. 55.

essas práticas, que são frequentemente mecânicas, não só da igreja ou das Escrituras, mas da cultura, do "ar ao nosso redor".

Flannery O'Connor uma vez disse a um jovem amigo para "lutar com a mesma força que este século tem ao lutar contra você".[10] A igreja deve ser um povo radicalmente alternativo, marcado pelo amor do Deus trino em cada área da vida. Mas frequentemente não sabemos como nos tornar esse povo especialmente alternativo. Embora creiamos profundamente no evangelho, embora coloquemos a nossa esperança na ressurreição, frequentemente sentimos que passamos os nossos dias da mesmíssima forma dos nossos companheiros incrédulos, com talvez um pouco de espiritualidade extra adicionada.

Alguns cristãos parecem pensar que lutamos contra este século primariamente ao crer corretamente: tendo as ideias certas nas nossas cabeças ou uma cosmovisão bíblica. Embora a ortodoxia doutrinária seja crucial na vida cristã, não somos primariamente motivados por nossos pensamentos conscientes, na maioria das vezes. A maior parte do que fazemos é pré--cognitiva.[11] Não costumamos pensar sobre as nossas crenças ou cosmovisão quando escovamos os nossos dentes, fazemos compras no mercado ou dirigimos. A maior parte do que molda a nossa vida e a nossa cultura acontece "embaixo da mente", nas nossas entranhas, nos nossos amores.[12]

Outros cristãos acreditam que lutar contra este século envolve uma rejeição radical do mundo de segunda a sexta. Nessa perspectiva, se pudermos nos separar o suficiente da nossa cultura, quer se abstendo dela e rejeitando certos tipos de arte, música,

---
10   Flannery O'Connor, *The Habit of Being: Letters of Flannery O'Connor*, Sally Fitzgerald (org.) (Nova Iorque: Farrar, Straus and Giroux, 1979), p. 229.
11   Smith, *Desejando o Reino*, p. 25.
12   Ibid., p. 63.

mídia e partes da vida cívica ou, alternativamente, por um tipo de radicalismo cristão, vivendo em comunidades alternativas, abandonando carreiras comuns, fazendo viagens missionárias ou vivendo intencionalmente dentre os pobres, então seremos formados como um povo alternativo. Embora ambas as abordagens nos ofereçam reflexões valiosas sobre como seguir a Cristo na nossa cultura contemporânea, elas não bastam para formar um povo alternativo em si. Elas nos ensinam a habitar uma subcultura específica, rejeitando a cultura dominante ao consumir os nossos próprios tipos de músicas, conferências, livros, mídia, celebridades e estilos de vida. Embora essas abordagens possam nos formar como consumidores alternativos, elas não nos formam necessariamente como verdadeiros adoradores.

Quem quer que sejamos, o que quer que acreditemos, onde quer que vivamos e quaisquer que sejam as nossas preferências de consumo, passamos os nossos dias fazendo coisas: vivemos em rotinas formadas por hábitos e práticas. Smith, seguindo Agostinho, argumenta que ser um povo alternativo é ser formado diferentemente: assumir as práticas e hábitos que direcionam o nosso amor e desejo para Deus.

Nós não acordamos diariamente e formamos uma maneira de estar no mundo do zero e não refletimos antes de cada ação do nosso dia. Nós nos movemos em padrões que estabelecemos ao longo do tempo, dia a dia. Esses hábitos e práticas moldam os nossos amores, os nossos desejos e, em última instância, quem nós somos e o que adoramos.

Aos domingos na igreja, participamos de uma liturgia, uma forma ritualizada de culto, o que repetimos a cada semana e pela qual somos transformados. As nossas liturgias dominicais variam de acordo com a tradição. Quacres, católicos romanos e presbiterianos adoram diferente, mas — dentro de cada tradição — há padrões de adoração e, em cada liturgia conjunta, a congregação é formada numa maneira de estar no mundo. Mesmo aquelas tradições que alegam não ter formalidades ou que são não litúrgicas, incluem práticas e padrões no culto. Portanto, a questão não é se temos uma liturgia. A questão é: "Que tipo de pessoas a nossa liturgia está nos formando para ser?".

As nossas liturgias dominicais nos ensinam uma ideia particular da boa vida, e somos enviados para nossa semana como pessoas que refletirão essa visão no nosso mundo de segunda a sexta.

Não há nada de mágico sobre qualquer tradição eclesiástica em particular. A liturgia nunca é uma panaceia para a pecaminosidade. Essas "práticas formativas" não têm valor fora do evangelho e da iniciativa e poder de Deus.[13] Mas Deus nos amou e nos buscou, não só como indivíduos, mas coletivamente como um povo ao longo dos milênios. Quando aprendemos as palavras, as práticas e os ritmos de fé talhados por nossos irmãos e irmãs ao longo da história, aprendemos a viver os nossos dias em adoração.

Nós temos hábitos cotidianos, práticas formativas, que constituem liturgias diárias. Ao buscar primeiro o meu celular a cada manhã, eu desenvolvi um ritual que me treinou para determinado fim: entretenimento e estímulos por meio da tecnologia. Independentemente do que eu digo ser a minha cosmovisão ou subcultura cristã particular, o meu hábito diário inconsciente estava me moldando para ser uma adoradora de telas brilhantes.

---

13 *Ibid.*, p. 211.

Examinar a minha liturgia diária *enquanto liturgia* — como algo que tanto revelou quanto moldou o que eu amo e adoro — me permitiu perceber que as minhas práticas diárias estavam me distorcendo, me deixando menos viva, menos humana, menos capaz de dar e receber amor por meio do meu dia. Mudar esse ritual me permitiu formar um novo hábito repetitivo e contemplativo que me apontaram para uma forma diferente de estar no mundo.

Smith pede para que examinemos os nossos dias:

> Então a questão é: existem hábitos e práticas que adquirimos sem saber? Há forças rituais na nossa cultura que nos imergimos de forma talvez ingênua, e assim somos formados por elas, que, quando as consideramos mais de perto, apontam para outro fim último? Existem rotinas mundanas de que participamos que, se formos atentos, funcionam como práticas densas mirando para uma visão particular da boa vida?[14]

As formas frequentemente invisíveis e silenciosas com que passamos o nosso tempo são o que nos formam. Os nossos momentos mundanos, enraizados em práticas comunais da igreja, nos moldam por meio do hábito e da repetição, momento a momento, em pessoas que passam os seus dias, e portanto as suas vidas, marcadas pelo amor de Deus.

Enquanto caminhamos juntos por um dia comum, analisaremos essas práticas diárias comuns, frequentemente ignoradas, como liturgias diárias, liturgias que estão totalmente entrelaçadas e transformadas pelas nossas liturgias comunitárias a cada domingo. Algumas delas, como o meu ritual do celular,

---

14   *Ibid.*, p. 84.

podem precisar mudar. Num exame de cada uma delas, perceberemos a necessidade de estabelecer novos hábitos para nos formar como adoradores mais fiéis. Alguns hábitos podem simplesmente precisar serem examinados como as importantes práticas espirituais que são.

Eu não espero que, ao navegarmos pelo nosso dia, iremos conscientemente pensar sobre a teologia de todo e qualquer hábito. Isso seria cansativo demais. Mas, examinando as nossas atividades diárias teologicamente ou não, elas ainda moldam a nossa visão de Deus e de nós mesmos. Examinar a nossa vida diária pelas lentes da liturgia nos permitem ver quem esses hábitos estão nos moldando para ser e as formas como podemos viver como pessoas que foram amadas e transformadas por Deus.

O meu ritual de quaresma de arrumar a cama todos os dias e sentar de pernas cruzadas num quarto silencioso foi uma prática que me reintroduziu na textura do silêncio e no ritmo da repetição. Eu preciso de rituais que me encorajam a abraçar o que é repetitivo, antigo e quieto.

Mas o que eu anseio é novidades e estímulos.

E eu não estou sozinha. Um estudo fascinante, e um pouco perturbador, da Universidade de Virginia mostrou que, se pudessem escolher, muitos preferiam se submeter a choques elétricos a ficarem sozinhos com seus pensamentos. Os participantes do estudo foram expostos a um choque médio, que todos relataram que não gostavam e que não pagariam para passar de novo. Mas, quando foram deixados sozinhos num quarto vazio com um botão de choque por até quinze minutos, sem nenhuma outra distração, sem poder sacar seus celulares ou ouvir música, dois terços dos homens e um quarto das mulheres no estudo escolheram voluntariamente se darem choque ao invés de ficarem sentados em silêncio. O Dr. Tim Wilson, que ajudou a conduzir o estudo, disse: "eu acho que pode ser por isso que, para muitos de nós, as atividades externas são tão atraentes, mesmo no nível do onipresente celular que muitos de nós vivem consultando [...] A mente é tão inclinada a se engajar com o mundo que ela aproveitará qualquer oportunidade para fazê-lo".[15]

O que mais me perturbava sobre arrumar a cama, o fato de que isso precisava ser feito de novo e de novo, reflete o próprio ritmo da fé. Os nossos corações e os nossos amores são moldados pelo que fazemos de novo e de novo e de novo. No domingo, no nosso culto solene, aprendemos juntos a passar pela repetição e pelo previsível. Aprendemos os ritmos repetitivos e lentos de uma vida de fé.

O meu ritual de arrumar a cama na quaresma, que acabou continuando por anos e que agora já faz parte de mim, me ensina a desacelerar, a entrar corajosamente numa manhã chata de terça, a abraçar a vida diária, crendo que nesses pequenos momentos Deus nos encontra e traz sentido para o nosso dia comum. Não somos como Sísifo, amaldiçoado pelos deuses a uma vida sem sentido, repetindo a mesma tarefa sem sentido por toda a eternidade. Pelo contrário, esses pedacinhos do nosso dia são profundamente significativos, porque eles são o lugar da nossa adoração. O cerne da nossa formação está na monotonia das nossas rotinas diárias.

---

15 Carolyn Johnson, "People Prefer Electric Shocks to Time Alone with Thoughts," *Boston Globe*, July 3, 2014. Disponível em: <www.bostonglobe.com/news/science/2014/07/03/idle/J2LpEcTdZzLykRCTnZ80fL/story.html>.

Numa cultura que anseia pelo grandioso, pelo divertido, pelo dramático e pelo eletrizante (às vezes literalmente), cultivar uma vida com espaço para o silêncio e a repetição é necessário para sustentar uma vida de fé.

Quando o meu marido, Jonathan, estava fazendo o seu doutorado, ele conheceu um ex-sacerdote jesuíta que se tornara um professor casado, um homem santo, provocador e benquisto por seus estudantes. Uma vez um estudante se encontrou com ele para reclamar de ter de ler as *Confissões* de Agostinho. "É chato", choramingou o estudante. "Não, não é chato", respondeu o professor, "chato é você".

O que o professor de Jonathan queria dizer é que, quando contemplamos a riqueza do evangelho e da igreja e achamos isso tudo chato e irrelevante, na verdade somos nós que estamos ocos. Perdemos a nossa capacidade de nos maravilhar com o que realmente é maravilhoso. Precisamos ser formados como pessoas capazes de apreciar a bondade, a verdade e a beleza.

O cerne da nossa formação está na monotonia anônima das nossas rotinas diárias.

Nosso culto juntos como igreja nos forma de uma maneira específica. Precisamos ser formados como pessoas que valorizam o que dá vida, não só o que está na moda ou que é barulhento ou excitante. Eu me preocupo ao pensar que, quando o nosso culto se parece com um show de rock ou um programa de entretenimento, estamos sendo formados como consumidores, pessoas que estão atrás de arrepios e sobressaltos, quando o que precisamos é aprender uma maneira de estar no mundo que nos transforma diariamente com ritmos de arrependimento e fé. Precisamos aprender os lentos hábitos de amar a Deus e aos que estão ao nosso redor.

Nosso vício em estímulos, impulsos e entretenimento nos esvazia e nos torna chatos, incapazes de abraçar as maravilhas ordinárias da vida em Cristo. Kathleen Norris escreve:

> Como a liturgia, as tarefas de limpeza extraem muito do seu sentido e valor da repetição, do fato de que elas nunca acabam, mas somente são postas de lado até o dia seguinte. Tanto a liturgia quanto o que é chamado eufemisticamente de trabalhos "domésticos" também têm uma relação intensa com o momento presente, um tipo de fé no presente que fomenta a esperança e torna a vida possível no dia a dia.[16]

A vida diária de louça suja na pia, crianças que sempre perguntam a mesma coisa e querem as mesmas histórias de novo e de novo e de novo, os longos tédios da noite, essas coisas estão cheias de repetição. E muito da vida cristã é voltar para as mesmas coisas de novo e de novo, para as mesmas tarefas e os mesmos hábitos de culto. Precisamos lutar com essas mesmas lutas de novo e de novo. A obra de arrependimento e fé é diária e repetitiva. De novo e de novo, nos arrependemos e cremos.

Tem um anúncio na parede da casa comunitária *New Monastic Christian* [Novo cristão monástico]: "todo mundo quer uma revolução. Ninguém quer lavar a louça". Eu era, e ainda sou, uma cristã que anseia por uma revolução, pelas coisas serem renovadas e restauradas de forma bela e grandiosa.

---

16 Kathleen Norris, *Quotidian Mysteries: Laundry, Liturgy, and "Women's Work"* (Mahwah, NJ: Paulist Press, 1998), p. 35.

Mas o que eu estou vendo lentamente é que você não pode alcançar a revolução sem aprender a lavar a louça. O tipo de vida espiritual e as disciplinas necessárias para sustentar a vida cristã são silenciosas, repetitivas e ordinárias. Eu frequentemente quero pular as coisas entediantes e diárias para ter o êxtase de uma fé ousada. Mas é no cotidiano da fé cristã, arrumar a cama, lavar a louça, orar pelos nossos inimigos, ler a Bíblia, o silencioso, o pequeno, que a transformação de Deus se baseia e cresce.

O ponto da minha nova prática matinal não era ter um quarto de capa de revista, que na minha casa, com minhas habilidades domésticas e decorativas, nunca seria possível. O ponto não é que "a higiene está próxima da piedade". Às vezes, é importante deixarmos a louça na pia e darmos uma volta ou sairmos com os amigos ou brincarmos com as nossas crianças ou tirarmos uma soneca.

O ponto de trocar a minha liturgia matinal foi me habituar com a repetição, com o tangível, com a tarefa diante de mim; me treinar, dessa forma minúscula, a viver com os meus olhos abertos para a presença de Deus neste dia ordinário. Eu cultivei um hábito, desde os primeiros momentos conscientes do meu dia, de ficar entretida, informada e estimulada. O meu cérebro iria saltar rapidamente de estímulo para estímulo, incapaz de focar, incapaz de ser improdutivo. Arrumar a minha a cama e ficar ali em silêncio por alguns minutos lembrou que o que é mais real e significativo no meu dia não é o que fala mais alto, brilha mais forte ou que mais entretém. É no repetitivo e no mundano que eu começo a aprender a amar, a ouvir, a prestar atenção a Deus e aos que estão ao eu redor. Eu precisava retreinar a minha mente a não se assustar com o primeiro indício de tédio ou dar sobressaltos diante da quietude. Isso exigiu o cultivo de um hábito. E hábitos precisam começar com pouco e em algum lugar: ficando sentada para orar e ouvir o barulho das ruas, em meio a lençóis esticados e cobertas arrumadas.

Perguntas para reflexão

1. Você arruma a sua cama? Por que sim ou por que não? Se sim, quando?

2. Há pequenos hábitos repetitivos no seu dia que te apontam para uma visão particular da "boa vida"? Quais são eles?

3. Você pode pensar numa prática ou ritual diário que te formou ou te moldou de uma maneira grande ou pequena? Tem alguma prática ou liturgia que te distorceu e que você precise mudar?

4. Como o seu ritual ou ritmo matinal dá um "imprinting" em você ou no seu dia?

5. Flannery O'Connor escreveu que precisamos "lutar com a mesma força que este século tem ao lutar contra você". Como você acha que as práticas e liturgias funcionam em relação a esse desafio?

6. Você acha que a maneira que você adora na igreja afeta o seu estar no mundo no seu dia ordinário? Se sim, como?

7. Da mesma forma, como as suas pequenas "liturgias" diárias afetam o seu culto no domingo?

8. A autora diz: "Eu preciso de rituais que me encorajam a abraçar o que é repetitivo, antigo e tranquilo". Você concorda ou discorda de que precisamos de tais rituais? Como que isso seria na sua vida?

9. Como você pode cultivar práticas de tranquilidade na sua vida?

Práticas sugeridas

1. Enquanto você arruma a sua cama, observe o que você sente. O que é tangível nessa experiência? Tem algo de belo ou pacífico nela?

2. Escreva num papel uma tarefa diária repetitiva na sua vida. Quando você executar essa tarefa, peça a Deus em oração para te mostrar como ela te molda. Escreva num diário sobre isso ou discuta com um amigo.

3. Tente observar essa semana como você resiste à tranquilidade e ao tédio. Dê espaço para alguns minutos de silêncio diário e convide Deus para esse momento.

4. Observe pequenos momentos de tranquilidade num dia: esperar o sinal no trânsito ou o seu café ficar pronto. Abrace esses momentos ao mantê-los vazios e quietos.

5. Se você tem um smartphone, desligue-o por uma manhã, uma tarde ou um dia inteiro e reflita sobre essa experiência.

3

Escovando os dentes

Ficando em pé, ajoelhando, prostrando e vivendo em um corpo

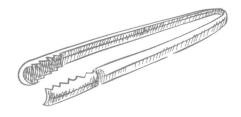

Boa parte da vida, inevitavelmente, não passa de manutenção. As coisas precisam de cuidado ou elas se quebram. Passamos a maior parte dos nossos dias e da nossa energia simplesmente evitando a inevitável entropia e decadência. Isso é especialmente verdade para os nossos corpos. As nossas vidas estão cheias de cuidado e manutenção dos nossos corpos. Nós precisamos limpá-los, alimentá-los, ejetar seus detritos, exercitá-los e dar-lhes repouso, de novo e de novo, todos os dias. E isso quando tudo está correndo bem e suave. Mesmo com todo esse cuidado, os nossos corpos eventualmente se quebram e ficam doentes e exigem maiores cuidados. Ter um corpo dá trabalho.

Nesta manhã, eu escovei os meus dentes, um hábito automático impregnado em mim antes de que eu possa me lembrar. Eu faço isso de manhã e de noite quase todos os dias. Eu digo "quase", porque, às vezes, a mera necessidade de escovar os dentes diariamente me deixa ressentida e, como uma adolescente indignada, eu me rebelo contra o sistema. Eu não gosto de fazer a mesma coisa todos os dias. Têm dias, a cada seis meses ou mais, que eu vou dormir sem escovar os dentes. Só para provar que eu posso. Só para provar que eu não sou escrava dos meus molares. É ridículo e possivelmente um pouco perturbado. Mas as necessidades do meu corpo são tão incansáveis que elas parecem um fardo exigente demais. Dentes. Tão carentes.

Contudo, é claro, o relacionamento que eu tenho com o meu corpo não é só de cuidados escravizantes. Os prazeres vindos de ter um corpo são evidentes. Água quente na minha pele no chuveiro, a textura de uma maçã madura, a sensação das minhas pernas se esticando numa longa caminhada, o cheiro de alho fervilhando em azeite de oliva. Então, eu escovo os meus dentes de manhã e de noite (quase) todos os dias, porque eu quero poder mastigar batatinhas e comer tacos enquanto Deus me der fôlego para viver.

Podemos acreditar que as horas e os anos acumulados gastos com o incessante cuidado com os nossos corpos não fazem sentido, uma necessidade irrelevante no caminho para as partes importantes do nosso dia. Mas, no cristianismo ortodoxo, os nossos corpos importam profundamente.

Os cristãos são frequentemente acusados de duas visões errôneas sobre o corpo. Uma é que ignoramos o corpo em prol de uma espiritualidade incorpórea, de espíritos flutuando nas nuvens. A outra é que somos obcecados com os nossos corpos, concentrando toda a nossa atenção em policiar a conduta sexual e denegrindo o corpo como uma fonte suja de maldade. Em certas comunidades, em certos momentos da história, essas acusações podem ter sido legítimas. Mas o cristianismo que encontramos nas Escrituras valoriza e honra os corpos.

No fundo, o cristianismo é uma fé completamente corpórea. Cremos na encarnação: Cristo veio num corpo. E, embora ele possa não ter escovado os seus dentes com uma escova de dentes rosa da Colgate como a minha, ele passou os seus dias se ocupando da mesma manutenção corporal. Ele dormia. Ele comia. Ele se arrumava. Ele tirava sonecas, sujava os seus pés e os lavava e provavelmente gostava de um bom e longo jantar já que ele foi zombado por seus críticos mais ascéticos como um beberrão e glutão.

Nas Escrituras, nós descobrimos que o corpo não é periférico à nossa fé, mas é intrínseco à nossa adoração. Nós fomos feitos para sermos corpóreos, para experimentar vida, prazer e limites nos nossos corpos. Quando Jesus nos redime, a redenção acontece nos nossos corpos. E quando morremos, não vamos ficar flutuando nos céus e deixar os nossos corpos para trás, mas vamos experimentar a ressurreição dos nossos corpos. O próprio Cristo apareceu depois da sua ressurreição num corpo misteriosamente transformado, mas ainda carnal que comia e bebia. Mesmo agora, ele continua no seu corpo.

O chamado bíblico para uma moralidade corpórea, na pureza sexual, por exemplo, ou na moderação de comer e beber, não vem de um desdém por seu corpo e seus apetites, mas por entendermos que os nossos corpos são centrais para a nossa vida em Cristo. Os nossos corpos e as nossas almas são inseparáveis e, portanto, o que fazemos com os nossos corpos e o que fazemos com as nossas almas sempre estão entrelaçados. Não é de admirar que uma das primeiras heresias combatidas pelos apóstolos foi o gnosticismo, que desprezava a vida corpórea em prol de abraçar uma realidade espiritual superior. No gnosticismo, escovar os dentes, tomar banho e cortar as unhas seriam meros obstáculos inconvenientes para o puro engajamento da alma com a vida espiritual. Mas, em Cristo, essas tarefas corporais são uma resposta à bondade criativa de Deus. Esses dentes que eu estou escovando, este corpo que eu estou banhando, essas unhas que eu estou cortando foram feitos por um Criador amoroso que não rejeita o corpo humano. Pelo contrário, ele declarou, de uma forma holística: "muito bom". Ele próprio assumiu carne para nos redimir nos nossos corpos e, ao fazê-lo, ele redimiu a própria corporeidade.

●

Descobrimos em Gênesis que, depois da Queda, ter um corpo vem com a inevitável experiência de vergonha. Adão e Eva viram a sua nudez e buscaram cobri-la para esconder de Deus e um do outro. A corporeidade, embora frequentemente seja uma fonte de prazer e alegria, pode ser vergonhosa. Tem algo de aparentemente indigno em ter um corpo. Eu escovo os meus dentes para não ter mau hálito. Eu preciso cuspir, passar fio dental e tirar casquinhas de milho de pipoca da minha gengiva.

Não gostamos nem de mencionar os aspectos mais vergonhosos de viver num corpo. Mas Deus entrou em tudo isso. Ele não se resguardou da vergonha de Adão e Eva. Pelo contrário, ele a cobriu.

Ao encarnar, Deus entrou não só na beleza e na maravilha da corporeidade, mas também na sua vergonha. Jesus tinha mau hálito. Ele pode ter feito xixi na cama. Seu nariz pode ter ficado entupido ou os seus dentes, tortos. Ele fedeu. Ele cobriu a sua nudez.

Mas, por causa da vida, morte e ressurreição corpóreas de Cristo, nós que estamos em Cristo estamos "vestidos em Cristo". A vergonha da corporeidade, e, no final das contas, a vergonha do pecado, que Adão e Eva não podiam cobrir com folhas de figueira, foi resolvida, permanentemente, no próprio Cristo.

A fé judaica, o solo do qual o cristianismo germinou, é alegremente, às vezes até estranhamente, terrena e corpórea. Judeus observantes usam uma oração chamada Asher Yatzer, que eles recitam depois de usar o banheiro.

> Bendito és Tu, Hashem nosso Deus, Rei do Universo, que formou o homem com sabedoria e nele criou muitos orifícios e cavidades. É evidente e sabido perante o Trono de Tua glória que, se um deles estiver bloqueado ou se um deles estiver aberto, não será possível sobreviver (nem mesmo por um curto espaço de tempo). Bendito és Tu, Hashem, que cura toda carne e faz maravilhas.[17]

Eu amo essa oração. Ela é vergonhosa e talvez um pouco desconfortável de tão gráfica que é, mas há uma ousadia e uma beleza nessa bênção judaica. Ela nos desafia a acreditar

---

17 Macy Nulman, (org.), *The Encyclopedia of Jewish Prayer: The Ashkenazic and Sephardic Rites* (Lanham: Rowman and Littlefield, 1996), p. 42.

que o Deus que mantém os planetas nas suas órbitas ousa se envolver com as partes mais mundanas, prosaicas e fisiológicas da corporeidade humana. Ela nos chama à gratidão e ao culto em meio às partes mais indignas do nosso dia.

Nós, cristãos, acreditamos num Deus que, ao se tornar humano, abraçou a corporeidade humana em sua plenitude até às unhas do pé. Por causa da corporeidade de Cristo, formas de cuidar dos nossos corpos não são necessidades irrelevantes que nos mantêm saudáveis para fazer a obra de culto e o discipulado que realmente importa. Pelo contrário, essas pequenas tarefas de cuidar dos nossos corpos, cotidianas como são, funcionam como uma confissão corpórea de que o nosso Criador, que misteriosamente se tornou carne, fez os nossos corpos bons e merece a nossa adoração em e por meio das nossas células, músculos, tecidos e dentes.

Na maior parte do tempo, eu achava que o meu seminário fosse um arraso. Amo estudar doutrina e teologia. Gosto muito de ter uma boa discussão teológica (especialmente com amigos numa refeição ou regada a drinks).

Mas, no seminário, percebi que eu imaginava a vida cristã primariamente como uma busca para colocar as ideias certas na minha cabeça. Eu estava numa subcultura intelectualizada de cristãos em Cambridge, Massachusetts, uma cidade que em si já tinha uma cultura um pouco intelectualizada. O cara que trabalhava no posto de gasolina perto da nossa casa frequentemente estava lendo um livro filosófico. Estar cercada por gente tão inteligente era uma bênção, mas eu comecei a sentir que o tipo de cristianismo que me atraía só precisava do meu cérebro.

Durante o seminário, conheci uma família em que a filha tinha uma deficiência grave. Ela não podia falar, e o seu cérebro — até onde eu sabia — não conseguia pensar direito. *Como uma garotinha dessas pode crescer na fé?* Eu me perguntei. *Como ela pode participar do culto?* Eu comecei a ter fome de uma fé que não era meramente cognitiva, não simplesmente para alcançar as crenças intelectuais corretas.

> *Estar cercada por gente tão inteligente era uma bênção, mas eu comecei a sentir que o tipo de cristianismo que me atraía só precisava do meu cérebro.*

Não quero menosprezar a importância da doutrina ou de um trabalho intelectual rigoroso. Mas, em meio ao rigor teológico, eu também ansiava por formas da minha vida cristã adentrar lugares em que a minha mente não podia ir.

Como seria crer no evangelho, não só no meu cérebro, mas também no meu corpo?

Se você me perguntasse como uma jovem seminarista se o cristianismo valorizava o corpo, eu com certeza diria sim. Eu poderia te dar uma teologia do corpo baseada na criação, encarnação e ressurreição, e eu falaria sobre a importância de oferecer os nossos corpos a Deus em gratidão como um "sacrifício vivo". Todavia, não foi suficiente para mim saber, como só mais outro ponto doutrinário, que os nossos corpos são importantes. Eu precisava ser treinada para oferecer o meu corpo como um sacrifício vivo *por meio do meu corpo*.

Aprendemos como os nossos corpos são locais de culto, não como uma ideia abstrata, mas por meio da prática de cultuar *com os nossos corpos*. Durante o seminário, eu ocasionalmente visitava uma pequena igreja anglicana que alguns amigos meus frequentavam e que estava a uns 40 minutos ao norte da minha casa. Havia muito movimento no culto: fazer a procissão, sentar, andar, ficar em pé, se ajoelhar, comer, fazer o sinal da cruz, ler em voz alta, se curvar. Eu ansiava por uma fé corpórea, e essa igreja parecia como uma aula de pilates espiritual.

No seu livro *Earthen Vessels* [Vasos de barro], Matthew Lee Anderson argumenta que, assim como jogadores de basquete treinam seus corpos por meio de treinos, "praticar o oferecimento dos nossos corpos como sacrifícios vivos num contexto coletivo por meio de erguer as mãos, levantar os nossos olhos aos céus, ajoelhar-se e recitar orações treina de forma simples a nossa pessoa como um todo, corpo e alma, a se orientar em torno do trono da graça".[18]

Na hora do jantar, minha família canta unida uma oração de ação de graças. Antes que a minha filha mais nova pudesse falar muita coisa, ela já acompanhava as músicas com "lás" e "ós" em uma alegria indizível. Ela amava. Às vezes ela se sentava e dizia: "eu ra! eu ra!" (tradução: "eu posso começar a oração?). Ela não entendia — ou, pelo menos, não conseguia expressar o seu entendimento — do que estávamos falando ou de quem Jesus era ou de porquê estávamos cantando. Entretanto, o corpo dela sabia e estava sendo treinado nesse hábito, um hábito de pausar antes de comer e cantar com os outros em gratidão. Eu espero que um dia ela seja capaz de dedicar a sua mente a um estudo teológico denso e que seja capaz de explicar uma doutrina bem elaborada da oração. Mas, mesmo agora, do jeito que ela é, ela pode oferecer uma oração com o seu corpo e se juntar à família dela em cânticos. Ela está sendo treinada a adorar.

---

18   Matthew Lee Anderson, *Earthen Vessels: Why Our Bodies Matter to Our Faith* (Minneapolis: Bethany House, 2011), p. 211.

A cada dia, os nossos corpos estão sendo ordenados a um fim particular, um *telos*. A forma como usamos os nossos corpos nos ensina para que servem os nossos corpos. Há várias mensagens na nossa cultura sobre isso. A proliferação da pornografia e da publicidade com conteúdo sexual nos treina a entender corpos (os nossos ou de outras pessoas) primariamente como meios de conquista ou de prazer. Dizem-nos que os nossos corpos foram feitos para serem usados e abusados ou, por outro lado, que os nossos corpos foram feitos para serem adorados.

Se a igreja não nos ensinar para que servem os nossos corpos, a nossa cultura certamente irá. Se não aprendermos a viver a vida cristã como seres corpóreos, adorando a Deus e sendo bons mordomos da boa dádiva dos nossos corpos, aprenderemos um falso evangelho, uma liturgia alternativa do corpo. Ao invés de templos do Espírito Santo, passaremos a ver os nossos corpos primariamente como uma ferramenta para satisfazer as nossas necessidades e desejos. Ou podemos acreditar que os nossos corpos deveriam ser perfeitos e gastaríamos uma quantidade infindável de tempo e dinheiro com cremes ou botox ou cirurgia para esconder a realidade dos nossos corpos frágeis e cada vez mais velhos. Ou podemos tentar ignorar completamente a corporeidade, comendo e bebendo o que bem entendermos, sem levar em conta como as nossas escolhas violam um chamado para sermos mordomos dos nossos corpos como dádivas.

| *Se a igreja não nos ensinar para que servem os nossos corpos, a nossa cultura certamente irá.* |

Por meio da prática de uma liturgia corpórea, aprendemos o verdadeiro *telos* da corporeidade: nossos corpos são instrumentos de culto.

O escândalo de usar mal os nossos corpos por meio, por exemplo, do pecado sexual não é que Deus não queira que aproveitemos os nossos corpos ou a nossa sexualidade. Pelo contrário, é que os nossos corpos, objetos sagrados feitos para adorar o Deus vivo, se tornam um lugar de sacrilégio.

Quando usamos os nossos corpos para nos rebelar contra Deus ou para adorar os falsos deuses do sexo, da juventude ou da autonomia pessoal, não estamos simplesmente quebrando um mandamento arcaico e arbitrário. Estamos usando um objeto sagrado — na verdade, o objeto mais sagrado na terra — de uma forma que denigre seu belo e elevado propósito.

O pecado sexual é um escândalo nas Escrituras não porque os apóstolos eram moralistas reprimidos — na verdade, eles eram uma turminha bem pra frente — ou porque o corpo é sujo ou mau, mas porque a nossa pele, músculos, pés e mãos são mais sagrados do que qualquer cálice eucarístico ou fonte batismal. Ignorar o ensino da Escritura sobre o uso apropriado do corpo e usar os nossos corpos para uma falsa adoração são uma profanação do sagrado tanto quanto usar pão e vinho consagrados numa cerimônia à deusa Wicca.

Semelhantemente, quando denegrimos os nossos corpos, quer por negligência quer nos olhando no espelho e contando os nossos defeitos, estamos desprezando um local sagrado, um espaço de culto mais maravilhoso do que a catedral mais gloriosa e antiga. Estamos na frente do Gran Canyon ou da Capela Sistina e revirando os nossos olhos.

Mas, quando usamos os nossos corpos para o seu propósito real — no culto solene, erguendo as nossas mãos ou cantando ou se ajoelhando; ou, num dia comum, dormindo ou saboreando uma refeição ou pulando ou fazendo caminhadas ou correndo ou fazendo amor com nosso cônjuge ou se ajoelhando em oração ou cuidando de um bebê ou plantando um jardim —, é glorioso, tão glorioso quanto uma grande catedral funcionando como seu arquiteto pretendia que ela fosse usada.

Na minha tradição, quando um cálice se quebra ou uma toalha de altar se rasga, não jogamos no lixo; o objeto precisa ser sepultado ou cremado. O vinho consagrado ou é bebido ou jogado no chão, nunca pela pia. Fazemos isso, porque esses objetos são sagrados, separados e dignos de cuidado. Da mesma forma, cuidar do corpo, mesmo nessas tarefas pequenas e diárias de manutenção, é uma forma de honrar os nossos corpos como partes sagradas do culto.

O teólogo Stanley Hauerwas argumenta que, para aprendermos uma história de verdade, não podemos só ouvi-la. Precisamos também encená-la. No nosso culto, e Hauerwas cita especificamente as práticas de batismo e comunhão, nós encenamos a história do evangelho com e por meio dos nossos corpos. "Precisamos aprender os gestos que posicionam os nossos corpos e as nossas almas de forma a podermos ouvir direito e então passar a história adiante", escreve Hauerwas.

Por exemplo, embora possamos orar sem nos prostrar, eu penso que a oração como um instituto da igreja não pode ser mantida a não ser por pessoas que tenham aprendido primeiro a se ajoelhar. Se você quer aprender a orar, é melhor que você saiba curvar o seu corpo. Aprender os gestos e a postura da oração é inseparável de *aprender* a orar. De fato, os gestos são a oração.[19] Logo depois do seminário, eu me assustei quando percebi que não conseguia orar. De repente, palavras, que sempre vinham tão facilmente, pareciam vazias. Eu tinha passado por um ano difícil com uma mudança indesejada, um relacionamento rompido com um amigo próximo e um atraso doloroso nas minhas esperanças de maternidade. Eu estava ferida e triste e não conseguia encontrar as palavras certas para convidar Deus para os lugares profundos onde eu ansiava que ele viesse me encontrar e me curar. Eu me sentia como se as palavras fossem um tristonho balão murcho preso em alguns galhos, sem vida, travado e frágil.

Em meio a isso, ainda que as palavras me deixassem na mão, a oração sem palavras — a oração em e por meio do meu corpo — tornou-se um bote salva-vidas. Eu não podia encontrar as palavras, mas podia me ajoelhar. Eu podia me submeter a Deus por meio dos meus joelhos e levantava as mãos para erguer uma dor: um anseio visceral e inominável que eu carregava nas minhas costelas. Eu oferecia um corpo dolorido com minhas mãos, meus joelhos, minhas lágrimas, meus olhos erguidos. Meu corpo me conduziu em oração e me levou – tudo em mim, eventualmente até as minhas palavras – à oração.[20]

---

19 Stanley Hauerwas, *Christian Existence Today: Essays on Church, World, and Living in Between* (Eugene, OR: Wipf & Stock, 1988), p. 106.
20 Esses dois parágrafos foram adaptados de Tish Harrison Warren, "At a Loss for Words: Finding Prayer Through Liturgy, Silence, and Embodiment," *The Well* (blog), 20 de setembro de 2010. Disponível em: <http://thewell. intervarsity.org/spiritual -formation/loss-words-finding-prayer-through-liturgy-silence-and -embodiment>.

Uma das partes favoritas de ser uma pastora é participar de consagrações de casas. Quando as pessoas se mudam para uma casa nova, a gente se junta para orar por cada ponto do seu novo lar, indo de cômodo em cômodo e usando uma liturgia especial para a ocasião. O meu amigo pastor Peter já fez várias consagrações de casas para pessoas na sua congregação. Ele me disse que todo mundo começa a prestar mais atenção quando todos se amontoam no banheiro para consagrá-lo. Pode ser que estejam um pouco desconfortáveis; afinal, não é todo dia que você se amontoa no banheiro para orar com um bando de amigos seus. Mas ele observou que as pessoas tendem a se curvar e a ouvir com mais atenção, se perguntando o que quer dizer invocar a presença de Deus no mais humilde dos cômodos.

Ele unge o espelho do banheiro com óleo e ora para que, quando as pessoas olharem para ele, elas se vejam como imagens amadas de Deus. Ele ora para que elas não se relacionem com os seus corpos com as categorias que o mundo lhes dá, mas sim de acordo com a verdade de quem elas são em Cristo.

É fácil olhar para o espelho e enumerar tudo que sentimos estar faltando ou estar errado com os nossos corpos. Em vez disso, precisamos aprender o hábito de contemplar os nossos corpos como uma dádiva e aprender a se deleitar no corpo que Deus fez para nós, que Deus ama e que Deus um dia irá redimir e restaurar. Peter me disse que, quando ora pelo espelho do banheiro, observa que os pais de meninas começam a chorar; eles anseiam que suas filhas se vejam como Deus as vê e que o seu reflexo no banheiro seja um reflexo do quanto são amadas e livres em Cristo.

> *Os corpos que usamos no nosso culto a cada semana são os mesmos corpos que carregamos para a mesa da cozinha, para a banheira e para debaixo da coberta à noite.*

Nós levamos todo o nosso treinamento corporal no culto solene — ajoelhar-se, cantar, comer, beber, ficar em pé, erguer as mãos e gesticular — junto conosco para o banheiro num dia comum quando nos olhamos no espelho. Os corpos que usamos no nosso culto a cada semana são os mesmos corpos que carregamos para a mesa da cozinha, para a banheira e para debaixo da coberta à noite.

Quando eu fico na frente da pia escovando os meus dentes e vejo a minha imagem no espelho, eu quero que seja um ato de consagração, em que eu me lembre de que esses dentes que estou escovando foram feitos por Deus para um bom propósito, que o meu corpo é inseparável da minha alma e que ambos merecem ser cuidados. Por causa da obra corpórea de Jesus, o meu corpo é destinado para a redenção e para o culto eterno, para eternamente saltitar e pular e rodopiar e levantar as mãos e se ajoelhar e dançar e cantar e mastigar e saborear.

Isso é um grande mistério. Os meus dentes estarão na eternidade e são eternamente bons.

Quando escovo os meus dentes, eu estou lutando, de uma forma minúscula, contra a morte e o caos que inevitavelmente tomarão o meu corpo. Eu sou pó polindo pó. Mas eu não sou só pó. Quando Deus formou pessoas do pó, Ele soprou em nós, passando pelos nossos lábios e pelos nossos dentes, o fôlego dele mesmo.

Então, eu vou lutar contra a Queda no meu corpo. Eu vou cuidar dele o melhor que eu possa, sabendo que o meu corpo é sagrado e que cuidar dele (e de outros corpos ao meu redor) é um ato sagrado. Eu vou me segurar na verdade de que o meu corpo, mesmo com toda sua miséria, é amado e que um dia ele será como o corpo ressurreto de Cristo, glorioso. Escovar os meus dentes, portanto, é uma oração não verbal, um ato de culto que ostenta a esperança do porvir. O meu hálito de menta: um pequeno antegosto da glória.

Perguntas para reflexão

1. Você já pensou sobre o cuidado com o seu corpo como parte da sua vida espiritual e adoração?

2. Que experiências moldaram a sua visão do corpo e do seu relacionamento com o seu corpo?

3. Como você acha que a encarnação, Deus assumindo um corpo humano, impacta a nossa adoração e a nossa vida em Cristo?

4. De que forma o seu corpo te ajuda ou te leva à adoração?

5. A autora escreve: "Se a igreja não nos ensinar para que servem os nossos corpos, a nossa cultura certamente irá". O que a nossa cultura nos diz sobre os nossos corpos e para que servem?

6. O autor compara o mau uso ou a rejeição dos nossos corpos com macular um objeto sagrado. Você concorda ou discorda com essa comparação? Por quê?

7. Como ver o corpo como sagrado impacta o nosso entendimento da mortalidade?

8. Entender o seu corpo como um lugar de culto afeta a forma como você vive em um corpo num dia ordinário? Se sim, como?

9. Você experimenta ver o seu reflexo no espelho como um momento para abraçar a sua liberdade e amabilidade em Cristo? Por que sim? Por que não?

10. Como a ressurreição corporal de Jesus e a natureza eterna dos nossos corpos impactam como pensamos sobre manutenção corporal?

Práticas sugeridas

1. Quando você se olhar no espelho e escovar os dentes nesta semana, agradeça a Deus por criar e amar o seu corpo.

2. Use o seu corpo na adoração se ajoelhando, cantando ou caminhando.

3. Escreva num papel uma maneira concreta de cuidar do seu corpo. Reflita ou escreva sobre formas de cuidar do seu corpo que impactam a sua vida em Cristo.

4. Observe a maneira como você usa o seu corpo no culto e o que a liturgia da sua igreja comunica sobre a corporeidade humana.

4

Perdendo a chave

Confissão e a verdade sobre nós mesmos

Eu tenho um plano para hoje de manhã: correr ao mercado para comprar algo para o jantar e um pouco de detergente, então seguir para uma reunião.

Então, depois de escovar os meus dentes e ajudar Jonathan a levar as crianças para as suas atividades, eu me visto rápido e tomo o meu café da manhã. Eu visto o meu blazer de veludo favorito, coloco a minha bolsa de computador no meu ombro e vou em direção à porta. Eu vou pegar a chave do carro na mesa de entrada (de cor azul-bebê) que compramos com o único propósito de ter um lugar para deixar as chaves. Perto da lavanda seca e de uma pilha de correspondências, há duas argolas que têm as chaves do carro, da casa e da casa do vizinho, bem como algumas outras que eu esqueci para que servem (mas eu continuo com elas ali, porque, bem, vai saber).

Entra o efeito de freada brusca. A chave não está ali.

Eu checo o bolso lateral da minha bolsa, depois, as calças que usei ontem, depois, a minha bolsa de novo. Eu começo a ficar um pouco em pânico. Tiro o meu casaco, entro na minha cozinha e olho no balcão.

Perdi a minha chave. Com elas, foi embora todo o senso de perspectiva. Com elas, também foi o meu plano; com elas, foi a minha calma. Esses instrumentos que eu uso para segurança e liberdade, para deixar pessoas ruins do lado de fora e ir aonde eu preciso, subitamente se tornaram uma forma de prisão. Eu estou detida.

Onde elas poderiam estar?

Eu refaço os meus Passos para Busca de Objetos Perdidos: Estágio 1. *Lógica*. Eu refaço os meus passos. Olho nos lugares em que mais faz sentido elas estarem. Respiro fundo. Tento continuar calma e racional. Isso não é grande coisa! Elas vão aparecer.

Estágio 2. *Autocondenação*. À medida que eu vou procurando em cada cômodo, escaneando prateleiras e superfícies, começo a me flagelar sussurrando: "eu sou tão idiota. Onde eu coloquei essa chave? Por que eu sou tão idiota?"

Estágio 3. *Frustração*. Eu fico decepcionada. Eu xingo. Cada segundo que passa me deixa um pouco mais brava. Fico revezando entre me culpar e culpar os outros. As meninas. Elas provavelmente estavam brincando com as chaves e as perderam. Será que o Jonathan levou as chaves? Eu mando uma mensagem para ele. Não adiantou. Deus deve saber onde as minhas chaves estão. Por que ele não me ajuda logo? Eu estou tendo uma pequena crise teológica por causa de uma peça de metal de cinco centímetros.

Estágio 4. *Agonia*. Eu começo a procurar em todo canto, até em lugares que não fazem sentido. Fico remexendo gavetas aleatórias e olho debaixo das camas, checando os bolsos da calça que eu já chequei três vezes, resmungando. Eu confiro quanto tempo se passou. Já faz nove minutos.

Estágio 5. *Última tentativa*. Eu paro e oro. O.k., respire. Eu digo a mim mesma que estou sendo ridícula, que estou exagerando. Calma. Peço rapidamente a Deus por uma restauração de perspectiva. Eu lembro que um amigo católico uma vez me disse para pedir para Santo Antônio rogar por nós quando perdemos algo. Então, só para garantir, eu murmuro enquanto confiro a minha gaveta de meias: "Ahn, Santo Antônio, não sei se isso funciona, mas se você pode me ouvir, será que você poderia rogar por mim?".

Estágio 6. *Desespero*. Eu desisto e me jogo no sofá. Eu nunca vou encontrar a minha chave. Essa missão não tem jeito. Eu não tenho jeito. Eu vou ficar presa aqui até o fim dos tempos ou até juntarmos dinheiro para substituí-las. Do lado de fora, perto do meu carro trancado, há árvores desfolhadas e passarinhos, mas não noto. Nada vale a pena. Minha manhã já era. Chave estúpidas. Eu estúpida. Planeta estúpido. Universo estúpido.

Então, um pouco envergonhada e culpada por todo o meu exagero, eu me recomponho e, começando no passo um, repito o ciclo.

Sete minutos depois, encontro a chave debaixo do sofá. Eu não tenho ideia de como elas chegaram ali. Eu grito para ninguém em particular: "Achei!". Entra o coro de *aleluia*.

Prossigo rapidamente. Direto para a garagem. Pulo o mercado e vou direto para a reunião. A minha chave perdida acaba sendo um ruído no meu dia, nada de importante, quinze pequenos e esquecíveis minutos.

Mas também foi o apocalipse.

Apocalipse significa literalmente desvelar ou descobrir. Na minha raiva, reclamação, autocensura, xingamento, dúvida e desespero, eu vislumbrei, por alguns minutos, como me agarro com força o controle e quão pouco controle de verdade eu tenho. E, na ausência de controle, me sentindo presa e estressada, aquelas partes de mim que preferem ficar escondidas foram momentaneamente desveladas.

•

Às vezes, os meus dias correm bem. Como fita telegráfica, eles vão cantarolando, bem confortavelmente, sendo produtivos, sem interrupções para os meus planos, na maioria das vezes. Então, algo pequeno acontece: o menor rasgo na fita e tudo se enrola e se torna uma historinha moralista que não foi chamada. A carência e a pecaminosidade, a neurose e a fraqueza que eu tento embelezar e manipular por meio do controle, conforto e privilégios estão subitamente à mostra.

Algumas semanas atrás, a secadora, a máquina de lavar louça e o ventilador do teto, todos quebraram juntos num intervalo de poucas horas. Na maior parte da minha vida adulta, eu não tive uma secadora (usávamos um varal ou a lavanderia), nem uma máquina de lavar louças (lavávamos na mão), nem ventiladores de teto (tínhamos ar-condicionado), mas — quando todos eles quebraram simultaneamente —

parecia que eu estava na lista negra do universo. Eu levei para o lado pessoal.

Pequenas coisas dão errado. Eu me sinto apressada ou sobrecarregada com um peso nas costas de notícias ruins ou de preocupação por um amigo; e, como uma enchente cada vez maior, centímetro a centímetro, a tristeza e frustração coletivas se acumulam, e eu quebro. Grito para as minhas filhas ficarem quietas. Bato a porta da lavadora de louças quebrada um pouco mais forte do que o necessário. Murmuro algo inaudível. Se eu fosse uma leoa, iria rugir. No momento, me recolho.

Essas revelações, intrusas do meu dia, são insignificantes comparadas ao imenso sofrimento nas nossas vidas e no resto do mundo. Tem pessoas que enfrentam uma agonia profunda todos os dias: dor crônica, perdas de partir o coração, desespero. Na minha vida mesmo, já houve momentos de profunda angústia. Mas não é o caso aqui. Não é o Vale da Sombra da Morte. É o restolho de aparelhos quebrados e objetos perdidos na beira da estrada, buracos de melancolia e interrupções indesejadas.

Contudo, aqui é onde eu me vejo num dia ordinário e aqui, na minha raivinha e irritabilidade, é onde o Salvador se digna a me encontrar.

Esses momentos são uma oportunidade de formação, de santificação. Por trás desses exageros e chateações, estão temores reais. Perder a minha chave revela a minha ansiedade de que não vou poder fazer o que é preciso para cuidar de mim e dos que estão próximos a mim. Esse fato acerta bem no meu medo de fracassar e ser incompetente. A minha lavadora de louças quebrada desvela as minhas preocupações com o dinheiro: será que vamos ter o suficiente para consertá-la? E também expõe a minha idolatria do fácil, minha falsa esperança depositada no conforto e na conveniência: eu só quero que tudo corra bem.

Hoje a chave perdida fornece um momento de revelação, revelando o quanto de mim está perdido e a minha confiança mal direcionada. Quando o dia é amável e ensolarado e tudo está acontecendo de acordo com os planos, posso parecer uma pessoa muito boa. Mas pequenas coisas dão errado e interrompem os planos que revelam quem eu realmente sou; as minhas rachaduras estão à mostra, e eu vejo que preciso profundamente da graça. Mas este é o ponto: pessoas boazinhas e legais não precisam de Jesus. Ele veio pelos perdidos. Ele veio pelos sem solução. Em seu amor por nós, ele veio para nos tornar achados e solucionados.

Paulo nos fala para estarmos contentes em qualquer circunstância (Fp 4.11). Para Paulo, isso significava encontrar contentamento em meio a naufrágios, espancamentos e perseguições. Mas eu não preciso esperar um naufrágio para provar o meu contentamento em qualquer circunstância. Esse chamado ao contentamento é um chamado em meio às circunstâncias concretas em que me encontro hoje. Eu preciso encontrar alegria e rejeitar o desespero no momento em que estou, em meio a pequenas pressões e pontas de ansiedade.

Tem um termo teológico, *teodiceia*, que se refere ao doloroso mistério de como Deus pode ser poderoso e bom e ainda deixar coisas ruins acontecerem. Debates sobre teodiceia corretamente lidam com horrores grandiosos: como Deus pode permitir a guerra, a fome e o sofrimento de crianças?

Quando o sofrimento é agudo e profundo, eu espero e creio que Deus irá me encontrar em meio a tudo isso. Mas, nas lutas de um dia comum, eu de alguma forma me sinto no direito de ficar chateada. As indignações e irritações do mundo moderno parecem autênticas e compreensíveis. Eu não sou uma Poliana. Num naufrágio, sim, é claro, "sede contentes". Mas o terceiro dia seguido de dormir mal e pia entupida? Aí é pedir demais. Em *Cartas a Malcolm*, C. S. Lewis diz que as pessoas "estão meramente 'se divertindo' ao orar por perseverança que uma fome ou uma perseguição exigiria se, enquanto isso, o clima e todos os outros inconvenientes os fizessem resmungar".[21]

> *Esse chamado ao contentamento é um chamado em meio às circunstâncias concretas em que eu me encontro hoje.*

Eu passei alguns meses numa região do mundo devastada pela guerra e o que me impressionou foi que ali, em meio a tensões e perigos, eu me sentia bem mais em paz do que no meu dia americano doméstico comum com um bebê e uma outra criança pequena. Eu tinha uma teologia do sofrimento que me fazia manter a atenção certa na crise, buscando pequenos raios de misericórdia na mais profunda escuridão. Mas a minha teologia era grande demais para caber num dia típico da minha vida. Desenvolvi o hábito de ignorar a Deus em meio à monotonia diária.

Rod Dreher escreve sobre a sua luta com o desespero num dia comum. "O cotidiano é o meu problema. É fácil pensar sobre o que você faria numa guerra, ou se um furacão surgisse, ou se você passasse um mês em Paris, ou se o seu candidato vencesse a eleição, ou se você ganhasse na loteria

---

21   C.S.Lewis, *Letters to Malcolm: Chiefly on Prayer* (Nova Iorque: Harcourt, 2002), p. 91 [Edição em português: *Cartas a Malcolm*. Trad. Francisco Nunes. Rio de Janeiro: Thomas Nelson, 2019, p. 131-132].

ou comprasse aquela coisa que você tanto queria. É bem mais difícil imaginar como você vai passar pelo dia de hoje sem se desesperar".[22]

Eu não posso simplesmente querer, como Paulo diz, fazer "tudo sem murmurações nem contendas" (Fp 2.14). Não é suficiente meramente querer ser mais contente ou me dizer para ficar mais animada. Eu preciso cultivar a prática de encontrar a Cristo nesses pequenos momentos de angústia, frustração e raiva, de encontrar a morte e ressurreição de Cristo, essa grande história de queda e redenção, numa pequena manhã cinzenta de uma terça loucamente atarefada.

Do contrário, eu vou passar toda a minha vida imaginando e esperando (e pregando e ensinando sobre como) partilhar dos sofrimentos de Cristo na perseguição, em sofrimentos gigantescos e na morte, enquanto passo os meus dias reais em murmuração, descontentamento e desesperos subterrâneos.

Para alguns de nós, a ideia de arrependimento pode trazer à mente uma certa experiência emocional ou músicas emotivas num apelo de cultos avivalistas. Mas o arrependimento e a fé são ritmos constantes e diários da vida cristã, como expirar e inspirar.

Nesses pequenos momentos que revelam a minha perdição e pecado, preciso desenvolver o hábito de admitir a verdade de quem eu sou, não correndo para me justificar ou minimizar o meu pecado. Todavia, no meu pecado e

---

22 Rod Dreher, "Everydayness," *The American Conservative* (blog), 12 de novembro de 2012 . Disponível em: <www.theamericanconservative.com/dreher/everydayness-wallace-stevens>.

perdição, eu também preciso formar o hábito de deixar Deus me amar, confiando de novo na sua misericórdia e recebendo de novo as suas palavras de perdão e absolvição sobre mim. Rich Mullins, um dos meus compositores e músicos favoritos, disse que, quando era criança, ele ia todos os anos nos acampamentos da igreja "nascer de novo" ou "consagrar" a sua vida a Cristo, atendendo aos apelos. Na faculdade, ele o faria a cada seis meses, depois de três em três; quando ele estava nos seus quarenta anos, era "cerca de quatro vezes por dia".[23] O arrependimento normalmente não é um clímax dramático. É um ritmo constante de uma vida em Cristo e, portanto, um dia em Cristo.

Na igreja, a cada semana, nos arrependemos juntos. Confessamos que pecamos "em pensamento, palavra e ação, pelo que fizemos e pelo que deixamos de fazer", que negligenciamos amar a Deus de todo coração e o nosso próximo como a nós mesmos.[24] Essa prática de confissão comunitária é uma forma vital de promover o hábito da confissão que marca as nossas vidas diárias. Por meio disso, aprendemos juntos a linguagem do arrependimento e da fé.

A confissão nos lembra de que nenhum de nós vai ao culto, porque somos "pessoas muito boas". Mas porque somos pessoas novas, pessoas marcadas pela graça, a despeito de nós mesmos, por causa da obra de Cristo. Nossa prática comunitária de confissão nos lembra de que o fracasso na vida cristã é a norma. Nós todos participamos do culto solene como pessoas indignas que, por conta própria, merecem a condenação de Deus. Mas não estamos por conta própria.

---

23 Norman Wirzba, *Food & Faith: A Theology of Eating* (Cambridge: Cambridge University Press, 2011), p. 180.
24 *Book of Common Prayer*, p. 360.

> *O arrependimento normalmente não é um clímax dramático. É um ritmo constante de uma vida em Cristo e, portanto, um dia em Cristo.*

Os nossos fracassos ou sucessos na vida cristã não são o que nos definem ou que determinam a nossa dignidade diante de Deus ou do povo de Deus. Pelo contrário, somos definidos pela vida e obra de Cristo em nosso lugar. Nos ajoelhamos. Nos humilhamos juntos. Admitimos a verdade. Confessamos e nos arrependemos. Juntos, praticamos a postura que abraçamos todos os dias: a de um povo perdido e carente que recebe misericórdia em abundância.

E então, que maravilha!, há uma palavra de absolvição: "que o Deus Todo-poderoso tenha misericórdia de vós, que perdoe todos os vossos pecados por meio do nosso Senhor Jesus Cristo, que ele vos fortaleça em toda bondade e, pelo poder do Espírito Santo, vos mantenha na vida eterna".[25] Na prática litúrgica anglicana, nunca nos confessamos sem também ouvir a bênção e o perdão de Deus sobre nós. Nas igrejas litúrgicas tradicionais, o pastor se levanta e pronuncia a absolvição. Ele roga a Deus por misericórdia e perdão por meio da obra de Cristo em nosso lugar.

Uma vez, uma amiga íntima visitou a minha igreja e ficou perturbada com essa parte do culto. Ela não gostava do pastor pronunciar a absolvição. Ela perguntou: "Não recebemos o perdão de Deus, e não de um pastor?". Por que usar um intermediário? Eu disse a ela que o perdão é de Deus, mas ainda preciso que alguém me diga isso. Preciso ouvir em alta voz que eu sou perdoada e amada, uma voz que é mais verdade,

---

25 *Ibid.*

mais alta e mais tangível do que as vozes acusadoras internas e externas que dizem que eu não sou.

Quando confessamos e recebemos a absolvição juntos, somos lembrados que nenhuma das nossas patologias, neuroses ou pecados — não importa quão pequenos ou secretos são — afetam apenas a nós. Somos uma igreja, uma comunidade, uma família. Não somos simplesmente indivíduos com nossos pecados de estimação e problemas pessoais. Somos pessoas que precisam desesperadamente umas das outras se quisermos buscar Cristo e andar em arrependimento. Se fomos salvos, fomos salvos juntos, como corpo de Cristo, como igreja. Por causa disso, eu preciso ouvir o meu perdão proclamado não só por Deus, mas por um representante do corpo de Cristo em que eu recebo graça, para me lembrar de que, apesar do meu pecado ser pior do que estou disposta a admitir, ainda sou bem-vinda ali. Eu ainda sou convidada a ser parte dessa comunidade e ainda sou amada.

Pensamentos ruins e condenadores me dizem que o amor de Deus é distante, frio ou irrelevante, que eu preciso me provar para Deus e para outras pessoas, que eu sou órfã e que ninguém me ama, que Deus está balançando a cabeça, impaciente comigo, prestes a me deixar sozinha. Esses pensamentos são tão altos que preciso de uma voz humana para me dizer, a cada semana, que eles são mentira. Preciso ouvir de alguém que me conhece que há graça o suficiente para mim, que a obra de Cristo foi feita por mim, mesmo quando confesso de joelhos que eu errei de novo nessa semana. Podemos confessar falando baixo, até sem falar nada. Mas somos lembrados do nosso perdão em alto e bom som, com alguém em pé exclamando. Precisamos nos garantir de que vamos ouvir.

Eu posso responder a esses momentos do meu dia, de perder a chave, perder a paciência, de estourar com quem eu amo, de bater a porta da lavadora de louças, com autocondenação, autojustificação ou arrependimento. Quando confessamos e recebemos a absolvição juntos, somos como um time de futebol treinando as suas jogadas ou uma companhia de teatro ensaiando o seu roteiro. Juntos, como igreja, estamos praticando, aprendendo as táticas que nos ensinam a viver as nossas vidas.

A prática da confissão e da absolvição precisa ser incluída nos pequenos momentos de pecaminosidade no meu dia. Quando for assim, o evangelho, a própria graça, transcorre para o meu dia, e esses momentos são transformados. Eles não são mais interrupções sem sentido, puro fracasso, perdição e pecado. Pelo contrário, são momentos de redenção e de recordação, momentos para crescer aos pouquinhos ao confiar na obra de Jesus em meu favor.

Ao longo do tempo, por meio das práticas diárias de confissão e absolvição, aprendo a buscar a Deus nas rachaduras do meu dia, a observar o que esses momentos de fracasso me revelam o que eu sou, as minhas falsas esperanças e os meus falsos deuses. Eu aprendo a convidar o Deus verdadeiro à realidade da minha perdição e pecado, a concordar com ele sobre o meu pecado e a ouvir de novo suas palavras de bênção, aceitação e amor.

Quando Jesus foi abordado por algumas "pessoas muito boas" que se ofendiam com o fato de ele sair com pecadores, ele comparou Deus com uma mulher que tinha perdido alguma coisa. O poderoso amor de Deus por nós se aventura pelas partes indignas e minúsculas, como uma mulher que está um pouco preocupada demais com uma moeda perdida, varrendo cômodos e olhando debaixo dos móveis até achá-la. Deus busca mais ardentemente a mim do que eu à minha chave. Ele zela por encontrar o seu povo e restaurá-lo.

Perguntas para reflexão

1. Quando pequenas coisas dão errado no seu dia, como você responde? O que você faz? Exemplifique.

2. O que a sua resposta a inconveniências ou "pequenos" sofrimentos revela sobre os seus amores e medos? E sobre o seu coração?

3. Tem algo na sua vida que, como a autora, você sente um "direito de ficar chateado"?

4. A autora diz que a sua teologia do sofrimento às vezes é "grande demais" para se aplicar à vida diária dela. Você já experimentou isso? Como?

5. Você já confessou pecados em voz alta a outra pessoa? Por que sim? Por que não? Se sim, como foi?

6. Qual é a sua resposta a momentos de pecado ou fracasso no seu dia? Como você pode se encontrar com Deus nesses momentos?

7. Como confessar os seus pecados a outras pessoas é diferente de confessar individualmente? Como os dois se relacionam?

8. O que te ajudaria a crer e confiar na obra e misericórdia de Cristo quando você encontra fraqueza e pecado no seu dia?

Práticas sugeridas

1. Observe a sua resposta quando as coisas dão errado no seu dia. Ore ou escreva sobre os medos e ídolos que esses momentos revelam em você.

2. A confissão no *Livro de Oração Comum* diz: "Deus misericordioso, confessamos que pecamos contra ti em pensamento, palavra e ação, pelo que fizemos e pelo que deixamos de fazer. Não amamos a ti com todo o nosso coração; não amamos o nosso próximo como nós mesmos. Estamos verdadeiramente tristes por isso e nos arrependemos humildemente. Por amor a seu Filho, Jesus Cristo, tem misericórdia de nós e nos perdoa, para que possamos nos alegrar na sua vontade, e andar nos seus caminhos, para a glória do teu Nome. Amém". Quando você encontrar pecado no seu dia, confesse-o especificamente a Deus e então faça esta oração ou algo parecido. Lembre-se em voz alta da misericórdia e perdão de Deus.

3. Tenha um tempo de confissão com um amigo ou pastor. Peça-os para te lembrarem do perdão e da misericórdia com Cristo.

5

Comendo as sobras de ontem

Palavra, sacramento e nutrição negligenciada

Eu cresci comendo comida processada. Todo dia de manhã, eu comia as waffles da Eggo com o meu pai. Depois da escola, se eu tivesse sorte, minha mãe me daria um Quik rosa choque de leite com morango. Minha comida favorita era o Mac and Cheese da Kraft.

Tenho boas memórias de infância de ajudar colher milho na casa dos meus avós e ter um banquete com pilhas de milho adocicado e amanteigado no jantar, mas, fora isso, eu nunca parava para pensar de verdade de onde vinha a minha comida. Eu nunca considerava o impacto ambiental da minha comida, as condições de trabalho dos que colhiam os meus tomates ou por que o leite era rosa.

Logo depois de me casar, Jonathan e eu descobrimos a obra de Michael Pollan e Wendell Berry, os quais criticavam o sistema alimentício industrializado e exaltavam as virtudes de comer a comida local, orgânica e feita num contexto doméstico. Começamos, bem lentamente, a mudar a forma como comíamos. Começamos a ir a feiras de agricultores, nos juntamos a uma cooperativa agrícola apoiada pela comunidade e tentamos (uma iniciativa majoritariamente, embora não totalmente, fracassada) cultivar uma horta.

Eu sempre amei comida. Gosto de fazer, comer, ler e falar sobre comida. Agora eu tenho alguns ideais crescentes sobre isso.

Em parte, eu amo comida, porque é necessária para a vida e para o cuidado do meu corpo e do corpo daqueles que amo (e alimento). Mas também amo comida por razões metafóricas. A comida tem tanto a nos ensinar sobre nutrição e, como cultura, temos dificuldades sobre o que significa não só ser alimentado, mas profunda e holisticamente nutrido. É uma alegria se sentar à mesa com comida nutritiva e poder contar histórias — histórias nutritivas — sobre a origem de cada prato: a mulher *amish* que me vendeu a abóbora ou a improvável sobrevivência de um repolho na nossa horta fracassada.

Na minha cabeça, tenho um ideal para a minha mesa: amigos e família reunidos em volta de um banquete doméstico, local e orgânico com velas, risos e crianças comportadas. Muita beleza e muita manteiga.

Mas, na maioria das vezes, as minhas refeições não são assim. E hoje o que temos para o almoço são as sobras de ontem.

Sopa de taco. Não foi feita domesticamente. Não é local. É milho e feijão derramados de latas numa vasilha. É uma refeição rápida para nós, que fazemos quando as pessoas vêm nos visitar, porque é barata e fácil. É apropriada e um pouco chata. Agora, eu a esquentei de novo no forno para o meu almoço. Como a maioria do que eu como nesta vida, é necessário e é esquecível.

●

O culto cristão se organiza em torno de duas coisas: Palavra e sacramento. A Palavra, nesse contexto, refere-se às Escrituras, tanto lidas quanto pregadas. Os sacramentos, para a maioria dos protestantes, são o batismo e a Comunhão, também chamada de Eucaristia.[26] Juntos, Palavra e sacramento são as peças centrais inseparáveis do culto cristão. A leitura e a pregação das Escrituras são cumpridas e consumadas pela proclamação do evangelho na refeição da Comunhão. A Comunhão, por sua vez, é interpretada e contextualizada pela pregação da Palavra.

E tanto a Palavra quanto o sacramento se relacionam profundamente com comida. Esses dois atos centrais do culto, a Escritura e a Comunhão, são comparados ao meu prato de

---

26 A maioria dos cristãos concordam que o batismo e a Comunhão, ou Eucaristia, são sacramentos, às vezes chamados de sacramentos "instituídos dominicalmente", porque Jesus explicitamente instituiu tanto a Ceia do Senhor quanto o batismo. Católicos romanos, ortodoxos e alguns protestantes também incluem outros ritos da igreja fundamentados ou na prática apostólica, ou na ordem da criação, ou na história da igreja: confirmação, reconciliação, extrema unção, casamento e ordenação. Alguns cristãos rejeitam o termo *sacramentos* e usam no lugar a palavra *ordenança*.

sopa de taco, o meu pão de cada dia. Ambos são necessários, porque ambos, juntos, são a nossa nutrição.

Em Ezequiel e novamente em Apocalipse, nos deparamos com a imagem surpreendente de Deus mandando seus profetas comerem o rolo, as palavras de Deus (Ez 3.1-3; Ap 10.9-10). Na sua tentação no deserto, Cristo diz que não somos alimentados apenas por pão, mas "de toda palavra que procede da boca de Deus" (Mt 4.4). Depois, Paulo compara os ensinamentos de Deus a leite e comida sólida (1Co 3.2).

Na última ceia, Jesus diz para os seus discípulos comerem em memória dele. De todas as coisas que poderiam ser feitas "em memória" dele, Jesus escolheu uma refeição. Ele poderia pedir para os seus seguidores fazerem algo impressionante ou místico, como escalar uma montanha, jejuar por quarenta dias ou uma viagem alucinante em tendas do suor, mas ele acaba escolhendo o ato mais ordinário, comer, por meio do qual ele estaria presente para o seu povo. Ele diz que o pão é o seu corpo e o vinho é o seu sangue. Ele escolhe pão e vinho, ignoráveis e comuns, medianos e abundantes.

N. T. Wright nos lembra de que na última ceia, logo antes da morte de Jesus, ele não deu teorias da expiação ou recitou um credo ou explicou exatamente como a salvação aconteceria. Pelo contrário, "ele lhes deu um ato para executar. Especificamente, ele lhes deu uma refeição para compartilharem. É uma refeição que fala bem mais do que qualquer teoria".[27]

Se todas as catedrais do mundo sumissem, toda a arte mais gloriosa se perdesse e todos os tesouros mais valiosos fossem jogados fora, os cristãos ainda se reuniriam para o seu

---

27   N. T. Wright, *Luke for Everyone* (Louisville, KY: Westminster John Knox, 2004), p. 262.

culto em torno das Escrituras e da Eucaristia. Para termos uma igreja, tudo que precisamos é da Palavra e do sacramento. E tanto a Palavra quanto o sacramento são dons dados por Jesus, que se chama de pão da vida. A Palavra de Deus e a ceia do povo de Deus pretendem apontar e manifestar a presença de Cristo, que é tanto Palavra quanto pão. Em João 6, Jesus lembra os seus ouvintes que eles receberam o maná, o seu pão diário, como um dom do Pai, mas que ele não é suficiente para nutri-los espiritualmente. Eles ainda morreram. Mas Jesus promete que aqueles que comessem o "pão do céu" teriam alimento eterno e não morreriam. Então, assustando os seus discípulos, ele diz que esse pão do céu é a sua própria carne e os chama para se alimentarem dela como se fosse "verdadeira comida" (Jo 6.55).

Cristo é o nosso pão e nos dá o pão. Ele é o dom e o doador. Deus nos dá toda refeição que comemos e toda refeição que comemos é parcial e inadequada, em última instância, pois aponta para aquele que é a nossa verdadeira comida, a nossa nutrição eterna.

Eu brevemente curvo a minha cabeça e agradeço a Deus pela minha sopa de taco, um ritual diário tão impregnado em mim que eu pauso em gratidão antes dessa alimentação sem pensar muito. Mas esse hábito de oração me lembra de que eu recebo esse dia e tudo que ele contém como um dom. No seu livro, *Food and Faith* [Comida e fé], Norman Wirzba nos diz que "agradecer em oração antes de uma refeição está entre as expressões mais elevadas e honestas da nossa humanidade [...] Aqui, em torno da mesa e perante testemunhas, experimentamos a vida como um presente gracioso a ser recebido e entregue novamente. Reconhecemos que nós não vivemos, e não conseguimos viver, por conta própria, mas que somos beneficiários da generosidade e dos mistérios da graça sobre graça".[28]

Na faculdade, fiquei amiga de um monge franciscano que era um fumante compulsivo. Um dia eu estava falando para ele sobre um presente que eu tinha ganhado, um presente que me parecia luxuoso demais para eu aceitar. Perguntei para ele se eu deveria devolver, se era errado aceitar um luxo tão desnecessário. Como um frade franciscano, imaginei que ele me encorajaria a ser mais simples e contra a extravagância. Pelo contrário, ele citou Lucas 10 (e a regra franciscana) e me disse que São Francisco diria: "coma o que lhe for oferecido".[29] Ele me disse que eu precisava aprender a receber de Deus e dos outros, em confiança e gratidão.

Este momento de pausa antes da minha refeição me condiciona a aprender a comer as coisas que me são oferecidas, a receber a nutrição disponível neste dia como uma dádiva, quer seja abundância extravagante, sofrimento doloroso ou simplesmente um entediante prato com as sobras de ontem.

●

Tem algumas refeições muito boas que eu lembro e tem umas refeições realmente terríveis que também lembro. Mas a maior parte das refeições que eu fiz, milhares e milhares delas, são totalmente esquecíveis. Se você me perguntasse o que eu comi no

---

28   Norman Wirzba, *Food & Faith: A Theology of Eating* (Cambridge: Cambridge University Press, 2011), p. 180.
29   Jesus fala isso em Lucas 10.8 e isso se tornou o conselho de Francisco a Ordem dos Frades Menores. Ver Ivan Gobry, *Saint Francis of Assisi* (São Francisco: Ignatius, 2006), p. 182.

almoço de três semanas atrás na segunda-feira, não saberia dizer. E ainda assim aquela refeição comum e esquecível me nutriu. Milhares de refeições esquecidas me trouxeram até o dia de hoje. Elas sustentaram a minha vida. Elas são o meu pão de cada dia. Não paramos de precisar de nutrição, e a nutrição vem, normalmente, como uma sopa de tacos. Abundante e ignorável. Minha subcultura evangélica tende a focar em entusiasmo, paixão e risco — o tipo de adoração que nos dá adrenalina. Eugene Peterson chama essa busca de intensidade espiritual um "mercado para a experiência religiosa no nosso mundo" dirigido ao consumidor. Ele diz que "há pouca empolgação para a aquisição paciente de virtude, pouca inclinação para se submeter ao longo aprendizado no que as gerações passadas de cristãos chamavam de santidade. A religião no nosso tempo foi capturada por uma mentalidade turística [...] Vamos ver uma nova personalidade, ouvir uma nova verdade, ter uma nova experiência e expandir de alguma forma para além da nossa vida, outrora monótona".[30]

Nós, evangélicos contemporâneos, chegamos nesse ponto sem más intenções. Nós herdamos uma fé que, embora seja bela de muitas formas, foi formada e moldada pela ideia de uma experiência religiosa mercadológica. O historiador Harry Stout escreve que em George Whitefield, um dos primeiros pregadores evangélicos, "caridade, pregação e jornalismo andam juntos [...] para criar uma poderosa configuração: uma celebridade religiosa capaz de criar um novo mercado para a religião".[31] Nessa fé orientada pelo mercado, a experiência religiosa ou

---

30 Eugene H. Peterson, *A Long Obedience in the Same Direction: Discipleship in an Instant Society* (Downers Grove, IL: InterVarsity Press, 1980), p. 16.
31 Harry Stout, *The Divine Dramatist: George Whitefield and the Rise of Modern Evangelicalism* (Grand Rapids: Eerdmans, 1991), p. 64-65.

eufórica foi enfatizada e, às vezes, até forçada. Lorenzo Dow, um dos primeiros evangelistas americanos, quebrava cadeiras ou fazia uma corneta tocar em certos momentos durante a sua pregação. A pregação de Charles Finney era "pontuada por momentos altamente dramáticos como suas imagens vívidas da fumaça do tormento dos pecadores no inferno, fazendo a sua audiência imaginar como se aquilo fosse visível".[32]

Ao invés do foco do culto estar no que nos nutre, a saber, a Palavra e o sacramento, o foco se tornou no que vende: empolgação, aventura, um experiência espiritual calorosa e impressionante. A experiência individual da adoração, uma noção subjetiva do seu encontro com Deus se tornou a peça central da vida cristã.

De fato, há momentos de êxtase espiritual na vida cristã e no culto solene. Experiências espirituais poderosas, quando acontecem, são uma bênção. Mas isso não pode ser o objetivo central da espiritualidade cristã, não mais que o prato inesquecível de pappardelle que eu comi anos atrás no bairro North End em Boston.

Palavra e sacramento sustentam a minha vida, mas eles não parecem mudar a sua vida, na maioria das vezes. Silenciosamente, até de forma bem esquecível, eles me alimentam.

Há momentos em que nos aproximamos das Escrituras, quer no estudo privado quer no culto solene, e que ela nos parece poderosa e memorável, sermões que citamos e carregamos conosco, histórias que contamos de quando fomos impactados e mudados. Há outros momentos em que as Escrituras parecem tão desgostosas quanto pão amanhecido. Fico entediada,

---

32 John Wolfe, *The Expansion of Evangelicalism: The Age of Wilberforce, More, Chalmer, and Finney* (Downers Grove, IL: InterVarsity Press, 2007), p. 116-17.

confusa, cética ou enojada. Tem vezes que eu saio da minha leitura bíblica com mais perguntas do que respostas. Podemos ser como os anões nas crônicas de Nárnia de C.S. Lewis que têm um banquete delicioso diante deles, mas que — por causa de uma maldição — eles confundem com uma comida nojenta e nada saborosa, talvez até envenenada.[33] Como devemos responder quando a Palavra nos parece desconcertante, seca, chata ou sem brilho? Continuamos comendo. Nós recebemos nutrição. Continuamos ouvindo, aprendendo e absorvendo o nosso pão de cada dia. Esperamos em Deus para nos dar o que precisamos para nos sustentar por mais um dia. Nós reconhecemos que tem bem mais maravilhas nesta vida de adoração do que temos olhos para ver ou estômagos para digerir. Recebemos o que é posto diante de nós hoje como uma dádiva.

Nessas sobras, estou cercada por uma abundância quase inimaginável. Aqui, na minha mesa, está um símbolo quentinho do meu enorme privilégio: tanta sopa de taco que não conseguimos comer tudo e pudemos guardar por dias, porque — por um processo que nem consigo compreender — os seres humanos descobriram a eletricidade e viram que gás tetrafluoretano comprimido passando por tubos pode manter a comida na temperatura exata para a sua preservação máxima.

Essa abundância, a mera quantidade e variedade de alimentos e a capacidade de conservá-lo por dias, impressionaria

---

33 C. S. Lewis, *The Last Battle* (Nova Iorque: HarperCollins, 1955), p. 156-70.

a maior parte do mundo e das pessoas ao longo da história. Mas eu fiquei calejada para essas maravilhas diante de mim. Considero essa nutrição comum.

O hábito de orar antes da minha refeição me treina para uma forma de estar no mundo. Ele me lembra de que não é a minha experiência pessoal que determina se algo é uma graça ou uma maravilha e que algumas das dádivas mais incríveis são as mais facilmente ignoradas.

Essas refeições esquecíveis me moldam e me formam. Qualquer um que já mudou a sua dieta (cortou glúten, virou vegetariano ou começou a ser mais saudável) pode te dizer como os hábitos nos moldam, refeição por refeição. Da mesma forma, sou moldada de forma quase imperceptível pela Palavra e pelo sacramento. Eles desenvolvem em mim, com o passar do tempo, um paladar pela verdade. No seu melhor, o culto congregacional me forma não como uma consumidora de experiências espirituais, mas como uma pessoa que é, como o *Livro de Oração Comum* coloca, "alimentada com comida espiritual".[34]

Na faculdade, eu comia miojo japonês. A razão principal de gostar deles, além do fato de eles serem incrivelmente ruins e baratos, é que eu não tinha uma cozinha no dormitório. Todas as nossas refeições vinham do "Calabouço", o eloquente apelido para o refeitório. Mas minha companheira de quarto, Jen, tinha um forno de acampamento e uma pia, então, pela mágica do miojo japonês da Maruchan, podíamos almoçar no nosso quarto. Pegamos a rotina de fazer isso quase diariamente,

---

34 *Book of Common Prayer*, p. 365.

sentadas no colchonete de futon da Jen, comendo o nosso miojo. Dificilmente havia algo realmente nutritivo ali, fora as boas conversas com a Jen, mas ele nos deixava satisfeitas e não tínhamos de nos arrastar pelo campus. Além disso, depois de você começar a comer miojo japonês, é difícil parar. É viciante. Hábitos moldam os nossos desejos. Eu desejava mais miojo japonês do que uma comida boa e nutritiva, porque, com o passar do tempo, eu me ensinei a ansiar por certas coisas e não por outras. Da mesma forma, ou sou formada pelas práticas da igreja para ser uma adoradora que pode receber toda a vida como uma dádiva ou sou formada, inevitavelmente, como uma mera consumidora, até mesmo de espiritualidade. A igreja contemporânea pode, às vezes, comercializar uma espiritualidade como se fosse um "miojo". A fé se torna um produto a ser consumido. Ela exige pouco de nós, afirma os nossos valores e promete cumprir as nossas necessidades, mas no fim é só uma solução fácil que nos deixa saturados e mal-nutridos.

Existe toda uma indústria que gostaria me fazer acreditar que esta sopa de taco é só uma sopa, só uma mercadoria, um produto a ser consumido, sem nada a dizer sobre moralidade ou sobre o que significa ser humano. Comer dessa forma me faz esquecer de onde vem a minha comida, ignorar a sua conexão com a terra e com as pessoas que a cultivaram e a colheram. Os sacrifícios que esta sopa representa, tanto de pessoas quanto de animais, são invisíveis para mim.

Se eu estivesse comendo esta sopa há um século, ela provavelmente chegaria à minha mesa da terra que eu cultivei ou de um agricultor que eu conhecia e com quem eu poderia conviver. Essa vida de comunidade e comércio mutuamente entrelaçados nos conecta com quem devemos agradecer: o nosso próximo, a nossa terra e, no final das contas, Deus. Mas agora essa sopa de taco é uma mercadoria anônima. Ela chega na minha mesa de uma forma aparentemente mágica. Como muito do que consumimos no nosso mundo complicado de capitalismo global e empresas multinacionais, comprar este milho e este feijão me envolve, ainda que inconscientemente, nas redes de injustiça sistêmica, exploração e degradação ambiental que eu desconheço, mas que provavelmente não compactuaria. Eu não sei de onde veio a cebola na minha sopa ou como os trabalhadores que a colheram foram tratados. As sobras de ontem podem vir de um homem cujos filhos não conseguiram almoçar hoje.[35]

A despeito do que a cultura do consumismo quer que eu creia, essas sobras não são neutras teologicamente. Esta sopa é um produto da nossa "teologia global". Ira Jackson disse: "temos uma teologia global sem moralidade, sem a Bíblia. Ela só oferece um manual de transação para criação de riqueza e alocação eficiente de capital".[36] As empresas que me venderam o feijão, o milho e a cebola nesta sopa só me chamam de consumidora. O nosso relacionamento é unicamente transacional: eu preciso de certos bens e serviços para viver, e eles me fornecem isso para lucrarem.

---

35 Agricultores possuem a menor renda familiar para assalariados nos Estados Unidos: 61% dos agricultores e suas famílias são pobres. Charles Thompson, "Introduction," em *The Human Cost of Food: Farmworkers' Lives, Labor, and Advocacy*, Charles Thompson e Melinda Wiggins (org.) (Austin: University of Texas, 2002), p. 12.
36 Ira Jackson, entrevista em *The Corporation*, edição especial. Pacote com dois DVDs (Disco 2). Dirigido por Mark Achbar e Jennifer Abbott (Big Picture Media Corporation, 2004).

A adoração cristã, centrada na Palavra e no sacramento, me lembra de que a minha identidade central não é consumidora: sou uma adoradora e carrego a imagem de Deus, criada para conhecer, me alegrar e glorificar a Deus, conhecer e amar aqueles ao meu redor. Esse feijão roxo anônimo me diz que o que mais importa sobre mim é que eu preciso comprar coisas para continuar viva. Mas Deus conhece quem colheu esse feijão e liga para a justiça. E Deus nos fez não apenas para consumir, mas para cultivar, cuidar e abençoar.

*

A palavra *Eucaristia* significa literalmente "ação de graças". A Eucaristia é a festa de ação de graças da igreja e é, a partir da prática comunitária de ação de graças, que flui a minha oração na hora do almoço. A Eucaristia, a nossa refeição congregacional em ação de graças pela vida, morte e ressurreição de Cristo, transforma cada refeição humilde num momento para relembrar que recebemos a vida toda, da sopa até a salvação, de graça. Desse modo, esses pequenos momentos diários são sacramentais, não que eles sejam sacramentos em si, mas que Deus nos encontra em e por meio do mundo terreno e material em que habitamos.

A Eucaristia é uma refeição profundamente comunitária que nos reorienta de pessoas que são consumidores meramente individualistas para sermos pessoas que, juntas, são capazes de ser uma imagem de Cristo para o mundo. É claro, o próprio ato de comer nos lembra de que nenhum de nós pode sobreviver por conta própria. Se você está respirando, é porque alguém te alimentou. Nós nascemos famintos e completamente dependentes de outras pessoas para satisfazer as nossas necessidades.

Dessa forma, o ato de comer nos reorienta de uma existência atomística e independente para uma existência interdependente. Mas a Eucaristia vai mais além. Nela, nós nos banqueteamos com Cristo e somos assim misteriosamente formados juntos num só corpo, o corpo de Cristo. A nutrição é sempre bem mais do que algo meramente biológico. Nós somos nutridos pelas nossas comunidades. Somos nutridos pela gratidão. Somos nutridos pela justiça. Somos nutridos quando conhecemos e amamos o nosso próximo.

Quando vemos a comida como mera mercadoria e nós como meros consumidores, a nutrição holística é uma preocupação secundária. Nosso maior interesse é que a nossa refeição seja conveniente, barata, bem-servida e algo que exija bem pouco de nós. Os hábitos que me levaram a fazer essa sopa não vieram da minha formação de mordomo e adoradora, mas da minha formação como consumidora.

A economia de livre mercado pode produzir um tipo de abundância. Eu tenho sopa mais do que suficiente. Mas essa aparência de abundância é falsa quando vem a custo de sujeitar outros ao trabalho escravo ou a envenenar o solo.

> *Os hábitos que me levaram a fazer essa sopa não vieram da minha formação de mordomo e adoradora, mas da minha formação como consumidora.*

Essa "teologia global" do consumismo transformou tanto a nossa maneira de comer quanto de adorar. A busca evangélica por uma certa experiência emocional no culto e a busca capitalista por bens anônimos, baratos e enlatados têm certos traços comuns. Ambas estão mais preocupadas com o que posso obter para mim mesma como consumidora individual.

Mas a economia da Eucaristia me chama para uma vida de adoração que me esvazia do eu. Precisamos tomar cuidado com as práticas, tanto na igreja quanto na nossa vida cotidiana, que nos moldam como meros consumidores. A espiritualidade empacotada como um caminho para a autorrealização e felicidade pessoais se encaixa muito bem com o consumismo ocidental. Mas as Escrituras e os sacramentos nos reorientam para ser pessoas que se alimentam juntas do pão da vida e são enviadas como mordomos da redenção. Nós relembramos e reencenamos a vida de Cristo derramada por nós e somos transformados em pessoas que derramam suas vidas pelos outros.[37] Somos formados pelos nossos hábitos de consumo.

E, nos Estados Unidos de hoje em dia, essa formação diária frequentemente se opõe a nossa formação na Palavra e no sacramento. Nessa economia alternativa do verdadeiro pão da vida, somos virados de dentro para fora para que não sejamos mais pessoas marcadas pela escassez, se matando pelo nosso próprio bem, mas novas pessoas, nutridas de verdades, e assim capazes de estender essa nutrição a outros. A economia da Eucaristia é a verdadeira abundância. Tem o suficiente para mim, não a despeito dos outros, mas porque recebemos a Cristo juntos, como comunidade.

Palavra e sacramento, Escritura e Eucaristia, transformam as sobras requentadas do meio da semana. Elas me transformam de uma consumidora robótica para alguém capaz de praticar a interdependência e gratidão eucarísticas. Elas me ensinam a receber essas sobras, e a vida toda, como uma dádiva.

---

37 William Cavanaugh, *Being Consumed: Economics and Christian Desire* (Grand Rapids: Eerdmans, 2008), p. 95.

Mas elas também servem como um juízo sobre a minha refeição, um chamado ao arrependimento pelos sistemas de escassez e injustiça que perpetuo no meu dia comum. Elas me chamam a trabalhar em prol de um novo jeito de ser, e comer, que permita eu conhecer, amar e servir melhor ao meu próximo. Elas me desafiam a me esvaziar pelos outros, sabendo que me encherei até transbordar de novo e de novo na abundante economia da adoração. Em Cristo, sempre haverá o suficiente para nós. Tanto que vai sobrar.

Perguntas para reflexão

1. A autora descreve o ideal dela para a sua mesa. Qual é o seu?

2. Como os nossos hábitos de alimentação — ou de consumo e compras de forma mais geral — nos moldam?

3. Quais são algumas formas que os cristãos podem lidar com as maneiras que nossas compras contribuem para as injustiças sociais e ambientais?

4. Qual é o significado que você atribui para o fato de tanto a Palavra quanto o sacramento se relacionarem com comida e alimentação?

5. A autora descreve como frequentemente caímos numa espiritualidade "orientada pelo mercado", em que a nossa experiência pessoal se torna o centro das nossas vidas espirituais, ao invés da Palavra e do sacramento. Você concorda ou não? Você pode

citar exemplos dessa mentalidade "orientada pelo mercado" na igreja ou na sua vida?

6. A autora afirma: "Com anonimato e ingratidão vem a injustiça". Você concorda? Por que sim? Por que não?

7. Houve algum período na sua vida em que as Escrituras pareciam secas ou enfadonhas? Como você lidou com isso?

8. Quais são os hábitos, as liturgias e os rituais na igreja, na cultura e nas nossas vidas diárias que nos formam como meros consumidores? Como adoradores?

Práticas sugeridas

1. Agradeça a Deus por cada refeição nesta semana. Se possível, descubra de onde sua comida veio e ore pelas pessoas e pelo lugar de onde ela veio.

2. Leia os Evangelhos. Escreva sobre os lugares onde você experimenta nutrição e os lugares onde você tem dificuldades e sente que as Escrituras parecem "vencidas" ou pouco apetitosas.

3. Em um dia, observe como você é formado a valorizar o consumo, a conveniência ou a autorrealização acima de tudo. Observe se o culto congregacional te forma diferentemente do que a cultura mais ampla de consumo.

4. Faça um *brainstorming* de maneiras de comer que são mais conectadas com a terra e as pessoas ao seu redor.

6
Brigando com o meu marido

Passar a paz e a obra cotidiana da Shalom

Jonathan passou lá em casa no meio do dia para pegar algo, e brigamos. Eu chamaria de discussão, mas isso parece razoável demais, como se estivéssemos debatendo friamente lados opostos de uma questão. Lógicos. Racionais. Com compostura. Do jeito que deixaria terapeutas de casais orgulhosos.

Dificilmente é assim que funciona.

Porque, na maioria das vezes que discutimos sobre algo (nesse caso, foi sobre uma decisão relacionada à escola da nossa filha), não se trata realmente do ponto que estamos discutindo. Na verdade, estamos discutindo sobre os nossos medos, ansiedades, identidades e esperanças. Estamos discutindo realmente sobre como amamos a nossa filha e sentimos um abismo, um abismo terrível, entre a nossa responsabilidade por ela e a nossa habilidade de desempenhá-la bem. Estamos lamentando a realidade da nossa limitação e da nossa incapacidade de resgatar a nossa filha do sofrimento no nosso mundo caído, e até na nossa família caída.

E estamos argumentando sobre como nossas vozes estão afiadas, sobre quem estava interrompendo quem e com que frequência, e sobre um comentário rápido que ele fez ontem e um olhar que eu dei hoje de manhã.

Esses são os padrões na vida familiar que deixam difícil ser paciente, gentil e generosa. Não estou irritada de você deixar a sua camisa no chão hoje; estou irritada pelas últimas trezentas vezes que você deixou a sua camisa no chão. Ou, mais dolorosamente, não é que eu estou irritada com a sua crítica hoje, é por causa de como um padrão de críticas, comentário a comentário, vai de encontro aos meus próprios padrões de pecado, às minhas feridas e minha atitude de ficar na defensiva.

O conflito de hoje não foi uma crise matrimonial, não houve uma traição, mentira ou escândalo profundos. É um conflito mais parecido com uma pedrinha no sapato, causado por um tipo de ressentimento habitual que, se deixarmos, se acumula. Começamos falando sobre algo casual. Então eu reclamo, e ele ignora, porque reclamo tanto que é um padrão, e digo algo sarcástico, e daí cresce, até que um de nós ou ambos gritam e então um de nós ou ambos saem do recinto.

Ainda bem que temos uma casa pequena, não conseguimos nos afastar tanto um do outro. Então nós ficamos nas indiretas. Eu suspiro em alto e bom som. Ele fica no computador. Nós ficamos esperando para ver quem abaixará as armas primeiro. Requer muita coragem abaixar as armas, mais coragem do que qualquer um de nós tem no momento. Então, nos resta um silêncio mortal.

●

A verdade é que eu me dou muito bem com a maioria das pessoas. Quando entro em conflito com alguém, é normalmente com aqueles que eu mais amo. A luta para "amarás o teu próximo" se testa mais frequentemente na minha casa, com o meu marido e as crianças, quando estou cansada, temerosa, desencorajada, num dia ruim ou só querendo ficar sozinha.

| *Eu sou uma pacifista que grita com o marido.* |

Na maior parte dos meus vinte e poucos anos, fiz parte de um movimento no evangelicalismo que valorizava uma fé radical e aventureira; eu queria mudar o mundo ou, pelo menos, uma pequena parte dele. Eu queria ser parte de uma comunidade que buscava a justiça e que servia "o menor desses pequeninos". O que me atraía a esse tipo de trabalho, além dos claros mandamentos da Escritura, era um anseio e uma visão da shalom de Deus, uma palavra muito carregada que significa a paz de Deus que tudo abrange e tudo redime. A esperança de um reino onde Deus é adorado completamente, onde a humanidade estende amor e misericórdia com generosidade, onde a injustiça sistêmica é rompida e "os oprimidos são postos em liberdade", foi (e é) inconcebivelmente bela e encantadora. Então, eu trabalhava com os sem teto, vivi por um tempo em algumas comunidades cristãs e trabalhei em igrejas tentando conectar pessoas de classe média alta com os mais pobres. Eu me apaixonei com os escritos de Dorothy Day e São Francisco e queria viajar para trabalhar entre "os mais pobres dos pobres".

Agora sou um pouco mais velha, além de esposa e mãe. A visão radiante do reino de Deus continua incrivelmente atraente para mim. Porém, embora eu professe ideias grandiosas sobre a beleza da shalom e do ministério da paz de Cristo invadindo o nosso mundo, frequentemente me vejo brigando e discutindo o dia todo, e com os que eu mais amo. Eu sou uma pacifista que grita com o marido.

A banda Waterdeep tem uma música que começa assim: "você fala que odeia a guerra. Mas onde está o seu tempo de paz?".[38] Eu posso ficar tão envolvida com as grandes ideias de justiça e verdade e negligenciar as pequenas oportunidades ao meu redor para estender generosidade, perdão e graça.

No livro de C.S. Lewis, *Cartas de Um Diabo a seu Aprendiz*, o demônio sênior Maldanado treina um demônio mirim a como infectar um relacionamento de certo homem com outras pessoas: "Mantenha a mente dele longe dos deveres mais elementares, direcionando-a para os mais avançados e espirituais. Agrave essa característica mais humana, mais útil de todas, o horror e a negligência ao óbvio".[39] Ele continua: "Eu já tive tamanho controle sobre alguns de meus pacientes que era possível fazê--los levantar da oração pela alma da esposa ou do filho para ir

---

38 Waterdeep, "I Know the Plans," *Sink or Swim*, © 1999 by Hey Ruth Records, CD.
39 C. S. Lewis, *The Screwtape Letters* (Nova Iorque: HarperCollins, 2001), p. 11 [Edição em português: *Cartas de um diabo a seu aprendiz*. Trad. Gabriele Greggersen. 1ª ed. Rio de Janeiro: Thomas Nelson Brasil, 2017, p. 27].

bater na esposa ou no filho reais ou mesmo insultá-los sem o menor escrúpulo".[40] Como aqueles debaixo da influência de Maldanado, negligencio frequentemente o óbvio, proclamando um amor radical para o mundo enquanto negligencio o cuidado daqueles mais próximos a mim.

Mas estou cada vez mais ciente de que não posso buscar a paz de Deus e a sua missão no mundo sem começar bem onde eu estou, na minha casa, na minha vizinhança, na minha igreja, com as pessoas reais que estão bem do meu lado.

Domingo de manhã na igreja, logo antes da Eucaristia, passamos a paz. Nas igrejas que eu frequentei, essa parte da liturgia parece nada menos do que o caos. Os congregantes se viram uns para os outros e dizem: "A paz de Cristo" ou "Paz do Senhor" ou "Oi" ou "O meu nome é Jennifer". As crianças correm pelo templo. Os mais sociáveis se juntam e dão risada. Outros ficam desconfortáveis, não sabendo muito bem o que fazer, esperando só que venha a próxima parte.

Passar a paz é um momento que fica exatamente entre o sermão e a Eucaristia, apertadinho entre Palavra e sacramento. Depois de termos ouvido as Sagradas Escrituras pregadas e antes de uma refeição profundamente misteriosa e sagrada, nós paramos e deixamos todo mundo darem a louca por alguns minutos.

Esse planejamento não é um erro ou um exemplo de liturgia mal feita. Não é para as pessoas esticarem as pernas ou ser um intervalo para ir ao banheiro. Passar a paz está

---

40 *Ibid.*, p. 13 [28].

onde está na liturgia por razões teológicas. Antes de virmos à Eucaristia, antes de tomarmos o corpo e o sangue de Cristo, nós estendemos ativamente a paz aos membros do corpo de Cristo que estão bem do nosso lado. É uma encenação litúrgica da realidade de que não podemos nos aproximar da mesa do Príncipe da Paz se não estamos em paz com o nosso próximo.

A prática de passar a paz tem sido parte do culto cristão desde o início da igreja — e os nossos irmãos e irmãs da igreja primitiva não se satisfaziam com apertar as mãos ou dar um abraço de lado sem jeito, eles se beijavam — uma prática que emergiu, em parte, do antigo costume judeu de receber visitas com um beijo antes de uma refeição.[41] Esses cristãos queriam tanto garantir que passar a paz seria um momento real de reconciliação e não uma mera formalidade que, nas igrejas orientais do século três, um diácono ficaria em pé durante o rito e exclamaria: "Há algum homem que tem algo contra o seu irmão?"[42] Os primeiros cristãos levavam a sério o que Jesus ensinou em Mateus 5: se alguém se aproxima do altar e lembra que o seu irmão tem algo contra ele, eles precisam sair e fazer as pazes com o irmão ofendido antes de oferecer algo a Deus.

Então, antes da refeição da paz, falamos da paz para os que estão ao nosso lado. Mais de uma vez, Jonathan e eu tivemos de sair no meio do rito da paz para conversar do lado de fora a fim de resolver uma discussão que tivemos no caminho para a igreja.

---

41 Dom Gregory Dix, *The Shape of the Liturgy* (Nova Iorque: Harper & Row, 1945), p. 107.
42 Ibid., p. 106.

Um amigo meu, pastor presbiteriano, uma vez comentou comigo que, a cada semana que a minha filha de quatro anos passa a paz, ela está sendo formada numa cosmovisão específica. Ela está praticando a verdade de que a extensão da paz é vital para o culto, que adorar a Deus se conecta intrinsecamente com buscar o reino de Deus de shalom ao fazer as pazes com seu próximo. Por meio da sua comunidade eclesiástica, minha filha está sendo treinada como uma pacificadora. Quando passamos a paz, estamos atuando como viver como crentes em missão a cada dia. Dom Gregory Dix, um monge e sacerdote anglicano do século XX, escreveu que passar a paz é "colocar em prática solenemente num ato diante de Deus toda a vida cristã dos membros da igreja".[43]

Passar a paz se encaixa no nosso dia principalmente nos momentos pequenos e invisíveis em que vivemos juntos, buscando amar as pessoas que são as constantes, a mobília das nossas vidas: parentes, cônjuges, filhos, amigos, inimigos, o garçom que serve a nossa comida toda semana, as pessoas atrás de nós na igreja com aquele bebê barulhento e o nosso vizinho idoso que não sai muito de casa.

Nessas interações minúsculas e invisíveis, nós reencenamos o rito da paz que praticamos no domingo. A "paz de Cristo" se instancia quando eu dou pedaços de cenoura para a minha filhinha, respondo o Jonathan pacientemente quando me sinto insultada ou celebro genuinamente a próxima viagem de uma amiga, mesmo sabendo que eu nunca teria condição de ter algo parecido. O amor ordinário, anônimo e despercebido é a substância da paz na terra, a moeda de troca da graça de Deus na nossa vida diária.

---

43 *Ibid.*

Às vezes, nós podemos separar a grande ideia de buscar a shalom do vai-e-vem da vida. Nós fazemos falsas dicotomias entre o público e o privado, entre a justiça social e "valorizar a família". Mas, no culto cristão, somos lembrados de que a paz é um produto doméstico e artesanal, começando na menor escala, na labuta diária, nos lares, nas igrejas e nos bairros. Hábitos diários de paz ou de discórdia se derramam para a nossa cidade, criando culturas de paz ou de discórdia.

O profeta Jeremias nos lembra de que a paz da nossa pequena esfera e a paz mais ampla da nossa cidade, nação e do mundo todo estão intrinsecamente interligados: "Busquem a paz da cidade onde eu enviei vocês em exílio, e orem ao Senhor em favor dela, pois, na paz dela, vocês encontraram a de vocês" (Jr 29.7, tradução da autora).

E quando buscamos a paz, começamos onde estamos.

O filme *Jornada pela Liberdade* [*Amazing Grace*, no original] retrata a vida de William Wilberforce, o abolicionista inglês. Minha parte favorita do filme é a comunidade em torno de Wilberforce. Em certo ponto, há uma montagem da participação da comunidade no movimento abolicionista. As pessoas contam para os seus vizinhos sobre os horrores do tráfico de escravos, as pessoas formam filas para comprar e ler uma memória escrita por um ex-escravo, um comerciante coloca um aviso na sua janela avisando que o seu estabelecimento não serviria mais açúcar produzido com trabalho escravo. Num momento dramático, Wilberforce conclama o fim da escravidão e desenrola uma petição que se desenrola pelo chão do parlamento. Eu fico impressionada como que

Wilberforce, embora sua participação seja essencial, não poderia ter feito o que fez sem milhares de santos anônimos que fizeram escolhas diárias minúsculas que eram profundamente importantes, ainda que fossem nada memoráveis, notáveis e francamente ordinárias. O tráfico de escravos ficou imobilizado, e eventualmente proibido, não por causa de alguns heróis, mas por causa de milhares de pacificadores que fizeram pequenas escolhas reluzentes, luzinha a luzinha, que Deus usou para prevalecer sobre as trevas. No fim dos tempos, ouviremos essas histórias de fidelidade invisível e conheceremos os nomes desses homens e mulheres cujas pequenas escolhas, desenroladas uma após outra como numa petição, acabaram com essa opressão.

Cada vez que fazemos uma pequena escolha pela justiça, compramos de comércio justo, buscamos compartilhar ao invés de acumular, estendemos misericórdia aos que estão ao nosso redor e generosidade aos que discordam de nós ou dizemos "eu te perdoo", nós passamos a paz onde estamos do jeito que podemos. E Deus pode pegar essas coisas ordinárias para, como peixe e pão, abençoá-las e multiplicá-las. Ele pode fazer histórias revolucionárias a partir da pequenez. Ele pode mudar o mundo por meio de comerciantes que servem chá sem açúcar.

●

Nosso vizinho Steven vive no nosso apartamento de garagem e é um dos nossos melhores amigos. Ele se parece mais com um profeta do Antigo Testamento do que qualquer outra pessoa que eu conheço. Ele é um fazendeiro: um fazendeiro-profeta. Ele é contestador, provocante, impetuoso e, como diriam alguns, um pouco estranho. Ele é o tipo de pessoa que pode divagar sobre a decadência da sociedade enquanto toma uma cerveja ou discutir a relevância teológica de larvas de aranha. E nós amamos tudo isso.

Steven começou um programa social, Jardins de Gênesis, que busca amar e servir a pessoas em situação de rua. Ele passa os seus dias cultivando uma horta com pessoas em situação de rua na nossa cidade, cultivando esperança, bem como a terra, formando uma comunidade com homens e mulheres que dormem nas ruas.

Os dias do Steven são muito diferentes dos meus. Eu vejo ele ir e vir o dia todo, a caminho de fazer o bem no mundo enquanto estou sentada escrevendo, trocando uma fralda ou varrendo bolachas que a minha filha menor jogou no chão.

É fácil para mim pensar que Steven está fazendo o que realmente é a obra de Deus, que ele é o pacificador, que a sua vida e trabalho importam e agradam a Deus, enquanto eu fico de lado. Mas, vivendo ao lado de Steven, descobri que os nossos dias ordinários acabam sendo bem parecidos. Nós dois buscamos amar. Nós dois perdemos a paciência com os mais próximos de nós. Nós dois temos momentos de esperança que cintilam em meio ao monótono. Nós dois buscamos passar a paz na nossa vida e trabalho diários.

E, mais e mais, eu vejo que o trabalho de Steven e o meu são inseparáveis. Ele precisa que eu busque a paz com o meu marido. Ele precisa que nós, como seus amigos, busquemos a Deus e a amar um ao outro e às nossas filhas também. Ele precisa que eu peça perdão ao Jonathan por ter elevado o meu tom de voz na discussão que tivemos hoje. Ele precisa que eu perdoe.

E nós precisamos do Steven. Precisamos que ele seja o profeta que é, para que ele não nos deixe esquecer que há pobres em nosso meio. Precisamos dele para expandir constantemente os nossos horizontes para além da porta da frente. Precisamos que ele continue nos convidando para sermos seus voluntários e que ele nos diga como orar por ele. Precisamos que ele se sente à nossa mesa e não se importe (ou, pelo menos, não muito) quando as nossas filhas praticarem arremesso de feijão verde.

Na semana passada, encontramos Steven no abrigo dos sem-teto. Ele nos convidou. Ele segurou a mão da minha filha quando ela viu a falta de moradia de perto. "Por que aquele homem está dormindo na calçada?" ela sussurrou. Precisamos do Steven para que a nossa filha pudesse fazer aquela pergunta.

Steven me conta histórias sobre os homens e mulheres com quem ele trabalha, histórias que frequentemente tratam de tristeza e tragédia. Ele seria o primeiro a dizer que o problema da pobreza não é simplesmente um problema financeiro. É uma falta de comunidade, uma falta de vínculos profundos: família, amigos, pessoas com quem você pode contar, pessoas que te seguram quando você cai. Às vezes, eu penso no meu trabalho, como esposa e mãe buscando amar imperfeitamente os que estão perto de mim, como um programa de prevenção à situação de rua. Queremos que as nossas filhas aprendam a construir uma comunidade, a serem pacificadoras que podem ir para o mundo e ser uma bênção para quem estiver ao seu redor.

Às vezes, Steven, Jonathan e eu nos sentamos juntos na varanda. Steven nos fala sobre as suas dificuldades, os seus desejos e os seus sonhos para a nossa cidade. Ele nos conta histórias de redenção, histórias de pessoas solitárias encontrando família. E nós falamos com ele sobre o nosso trabalho na universidade ou sobre como ensinar crianças a usar o penico e dormir pouco. Nessas conversas na varanda, nosso trabalho no mundo, grande e pequeno, está tudo junto e misturado. Precisamos uns dos outros para buscar a Deus e a paz para a nossa cidade.

Steven me disse uma vez: "Você e Jonathan me estabilizam. E eu espero desestabilizar vocês". O que ele quis dizer é que não devemos ficar tão confortáveis. Ele não vai nos deixar acomodados no nosso mundinho de crianças, hipotecas, alegrias e lutas familiares, e esquecer que a nossa família é parte de um microcosmo, de um movimento mais amplo, a vinda do reino, a obra de Deus de "evangelizar os pobres [...] proclamar libertação aos cativos" (Lc 4.18). E, honestamente, ter o nosso conforto desafiado pelo nosso amigo pode ser uma dor bem incômoda. Eu me sinto culpada. Fico chateada. Os profetas do Antigo Testamento eram terríveis em chás da tarde.

Mas eu preciso do meu amigo e preciso ser lembrada, além do que é confortável, dos marginalizados. E ele precisa de nós: jovens pais que são ordinários e cansados. Mesmo ele tendo falado de nos desestabilizar, fico mais firme com a tarefa de continuar sendo missional e buscar a paz de pequenas maneiras à minha frente. Steven me lembra da realidade: o mundo não é um chá da tarde. Quando me vejo envolta em mesquinharias e cansaço, preciso ser lembrada que a minha família e a minha comunidade são parte de uma missão maior. Mas também preciso lembrar que a minha pequena esfera, o meu dia ordinário, importa para a missão: que o passar da paz ordinário e ignorável de cada dia é parte do que Deus está fazendo crescer em mim e por meio de mim. Vai virar uma colheita no tempo devido.

Biblicamente, não há separação entre crentes "radicais" e "ordinários". Somos chamados a estarmos dispostos a seguir a Cristo de modo radical, a responder o chamado daquele que nos disse para nos negarmos e carregarmos a nossa cruz. Mas também somos chamados à estabilidade, à labuta diária de sermos responsáveis pelos que estão mais perto de nós, ao desafio de uma vida cristã maçante e bem-vivida. "Passar a paz" de todas as formas que pudermos, no lugar e na esfera em que Deus nos chamou, não é uma prática "radical" nem uma prática "ordinária"; é meramente uma prática cristã, uma em que cada um de nós precisa habitar diariamente. Nós podemos ficar confortáveis demais com o *status quo* americano e precisamos de vozes proféticas que nos desafiem a buscarmos o nosso Redentor radical, que tira da zona de conforto. Mas também precisamos aprender a seguir a Jesus neste mundo de segunda a sexta, criar filhos, cuidar dos nossos vizinhos, poupar dinheiro, lavar as roupas e viver os nossos dias responsavelmente com estabilidade, generosidade e fidelidade.

> *Biblicamente, não há separação entre crentes "radicais" e "ordinários".*

Steven está se casando em alguns meses, e eu, como sua amiga e irmã em Cristo, preciso que ele seja um pacificador no seu casamento. Eu vou fazer o casamento dele e irei exortá-lo a buscar a paz no seu novo lar tão ardentemente quanto ele faz com as pessoas em situação de rua, porque a forma de ele tratar a sua esposa, a portas fechadas e nos padrões da sua vida conjunta, é tão importante para o reino quanto o seu trabalho nas ruas. Essas são as suas formas de buscar a shalom.

Mas hoje eu estraguei tudo. Perdi a paciência com o meu marido. Fui sarcástica. Honestamente, eu não liguei muito para a paz. Depois de ficarmos emburrados por vinte minutos, cedemos. Eu peço perdão; ele também. Perdoamos um ao outro. Abaixar as armas e ir para o outro cômodo me desculpar foi como morrer. Ardeu.

Anne Lamott escreve que aprendemos a prática da reconciliação começando com os que estão mais perto de nós. "A Terra é a Escola do Perdão. Você pode muito bem começar pela mesa de jantar. Desse jeito, você pode fazer essa tarefa com uma roupa mais leve".[44]

Porque somos pessoas caídas num mundo caído, buscar a shalom sempre envolve perdão e reconciliação. Paulo fala aos coríntios que "[Deus] nos reconciliou consigo mesmo por meio de Cristo e nos deu o ministério da reconciliação, a saber, que Deus estava em Cristo reconciliando consigo o mundo, não imputando aos homens as suas transgressões, e nos confiou a palavra da reconciliação" (2 Co 5.18-19). Isso não é fácil. A briguinha de hoje na cozinha foi pequena, mas há feridas nos relacionamentos, até padrões de feridas, que vão fundo. Nesses lugares profundos, perdão e reconciliação custam caro. Nós temos que lutar muito e duro por isso, por um bom tempo e com lágrimas. A verdade que encenamos a cada semana quando passamos a paz com aqueles prestando culto ao nosso redor, às vezes, é uma verdade difícil, uma verdade que arde.

Na noite anterior à sua crucificação, Jesus se ajoelhou e lavou os pés dos seus discípulos, até os pés daqueles que logo

---

44 Anne Lamott, update de status de Facebook, 8 de abril de 2015.

o negariam. Vai nos custar algo para nos envolvermos nesse ministério da reconciliação, até nas nossas cozinhas, até nas nossas roupas leves. Quando somos feridos por aqueles próximos a nós, estender o perdão, "não contar as suas transgressões contra eles", é desistir do nosso direito de recompensa, de ressentimento, de justiça própria.

Na liturgia anglicana, passar a paz vem depois da confissão e da absolvição, logo depois de quando somos lembrados que somos perdoados. Não é coincidência. Nosso perdão e reconciliação fluem do perdão de Cristo dado a nós. Por gratidão com a enorme dívida para com o nosso rei que foi perdoada, perdoamos os nossos devedores. Receber a dádiva de Deus da reconciliação nos faz dar e receber a reconciliação com os que estão ao nosso redor.

No fim, Deus é o pacificador. Não é simplesmente a "paz" que passamos uns para os outros. É a paz de Cristo, é a paz do nosso pacificador. A paz de Cristo nunca é uma paz barata. Ela nunca é uma paz superficial ou que faz vista grossa para o mal cometido. Não é uma paz que dá uma de legalzinho, que nega as feridas ou que evita o conflito. Nunca é uma paz falsa ou que ignora a justiça. É uma paz que é honesta e dura de conseguir, que fala a verdade e busca a justiça, que custa algo e que leva tempo. É uma paz que oferece reconciliação.

Não podemos buscar a paz com a nossa própria força. Todos estragamos tudo, falhamos com os que estão perto, passamos a julgar, recuamos para o nosso egoísmo tantas vezes quando estendemos a mão. Se somos pacificadores, não é sem uma boa dose de guerra dentro dos nossos corações.

Mas Deus nos reconciliou consigo mesmo. Ele traz essa reconciliação e paz a cada esfera da vida. Ele está levando a paz às ruas da cidade, aos desertos, às fazendas, aos subúrbios e à minha cozinha. Ele está nos reconciliando consigo mesmo, com o outro e com a terra.

O ministério de Deus da reconciliação adentra todas as áreas da vida, mesmo para os pequenos momentos do nosso dia. No fim, manter essa prática de passar a paz a cada domingo é uma oração. Estamos pedindo que Deus faça algo que não podemos para que possamos estender a paz, não a que fizemos, mas a de Cristo, o nosso Reconciliador.

Somos pessoas briguentas, mas Deus está nos reformando para sermos pessoas que, nos nossos momentos ordinários, estabelecem o seu reino de paz. Crer nisso é um ato de fé. É preciso fé para crer que a nossa fidelidade pequena e diária pode produzir fruto. É preciso fé para crer que abaixar as armas na cozinha tem algo a ver com a paz cósmica na terra. E é preciso fé para crer que Deus está nos tornando novas pessoas, lentamente, por meio do arrependimento, que somos capazes de dizer ao mundo por meio das nossas vidas: "a paz de Cristo".

Perguntas para reflexão

1. De que maneiras você luta para buscar a paz com os que estão mais perto de você?

2. Qual é a forma de buscar shalom no seu lar, no seu trabalho ou em uma pequena esfera da sua experiência diária?

3. Você já separou atos grandes e "radicais" da pacificação da labuta diária? Como essa separação acontece na sua vida?

4. Como você acha que a prática de passar a paz na igreja afeta a adoração e a teologia?

5. A autora escreve: "eu preciso ser lembrada que a minha família e a minha comunidade são parte de uma missão maior. Mas eu também preciso lembrar que a minha pequena esfera, o meu dia ordinário, importa para a missão". De que formas você se lembra de que é parte de uma missão maior?

6. Como você vê a sua pequena esfera e os seus dias ordinários como parte da missão mais ampla e da obra da redenção de Deus?

7. A autora cita Anne Lamott, que diz: "A Terra é a Escola do Perdão. Você pode muito bem começar pela mesa de jantar. Desse jeito, você pode fazer essa tarefa com uma roupa mais leve". Como você busca a reconciliação ou precisa dela no seu lar ou na sua vida diária?

Práticas sugeridas

1. Busque a paz de alguma forma com os que estão mais perto de você hoje. No fim do dia, peça a Deus para trazer o reino dele por meio dos pequenos atos de "passar a paz" no seu dia.

2. Pratique a reconciliação esta semana ao pedir desculpa para alguém com quem você errou. Pergunte

aos mais próximos sobre como você pode amá-los melhor e viver em paz com eles.

3. Escreva formas que você tem dificuldade de buscar a paz no seu dia ordinário. Peça a Deus para te mostrar o caminho da paz nesses lugares difíceis.

4. Ore sobre como ser parte da redenção mais ampla do mundo por Deus na sua vida.

5. Passe um tempo orando por paz na sua casa, bairro, cidade, estado, país e mundo.

7
Conferindo o e-mail

Bênção e envio

Eu abro a minha caixa de entrada com um turbilhão de tarefas que precisam ser feitas, pessoas que eu preciso responder e coisas que exigem tempo: um pedido de voluntários do professor da minha filha, formulários para preencher do meu supervisor, uma multidão de pessoas com quem preciso marcar reuniões, um convite eletrônico, um recado da minha mãe, um velho amigo que vai viajar por aqui e quer dormir no meu sofá, um lembrete de consulta com o nosso médico e algumas *newsletters*, principalmente de caridades pedindo doações ou algumas listas em que eu me inscrevi por causa do trabalho.

Meu cérebro não consegue absorver essa quantidade volumosa de e-mails, o número de pessoas querendo uma resposta, o classificar, decidir, escrever e deletar que estão diante de mim. Meus olhos fogem dali. Quero escapar, ir para outra página da internet ou me afastar do computador admitindo uma derrota bem-vinda; fui superada, novamente, pelo meu nêmesis.

Conheço pessoas que esvaziam suas caixas de entrada todos os dias. Essas pessoas têm superpoderes e sobrevivem comendo animação e produtividade. Elas me deram livros sobre como ser mais eficiente e organizada com e-mail, e eu li trechos deles. Mas ainda tenho ofertas do Groupon não lidas de quatro anos atrás.

Há dias em que tento recuperar o atraso. Mas quando pareço avançar um pouco nessa rodinha de hamster, eu vejo que nunca consigo dominar essa tarefa. Principalmente porque não gosto dela e, por isso, a evito. Estou bem certa de que um dia haverá três números gravados no meu epitáfio tanto como legado quanto como advertência: minha data de nascimento, de morte e o número de e-mails não lidos ainda esperando uma resposta na minha caixa de entrada.

●

No fim do nosso culto semanal, somos abençoados e enviados ao mundo. Fomos alimentados com Palavra e sacramento e agora nos soltam na selva. No *Livro de Oração Comum*, há uma oração que, às vezes, é chamada de "oração depois da comunhão" ou "oração pela missão" que recitamos juntos a cada domingo: "E agora, Pai, envia-nos para fazermos a obra que nos deste para fazermos, para amar e servir como testemunhas fiéis de Cristo, nosso Senhor...". Na conclusão do nosso tempo juntos, recebemos a bênção e nos é dito para irmos: "Avancemos em nome de Cristo" ou "Ide em paz para amar e servir ao Senhor".[45]

Somos abençoados e enviados.

Não há uma competição entre o que fazemos enquanto congregação no culto congregacional — *liturgia* significa "o serviço do povo" — e nas nossa vocações no mundo. Para os crentes, os dois são partes intrínsecas um do outro.

Recentemente líderes e igrejas evangélicas se concentram cada vez mais em integrar fé e trabalho. Esse esforço é tanto necessário quanto imensamente útil.[46] Mas muitos de nós ainda lutam com a tentação de dividir o nosso trabalho "secular" das nossas vidas "espirituais" e nos perguntamos se podemos participar plenamente na missão de Jesus com os nossos treinamentos, dons e vocações particulares. Isso é verdade não só para profissões formais, mas para donas de casa, estudantes e trabalhadores manuais. A gente se pergunta: *O que o culto tem a ver com o meu trabalho?*

Não é que atividades supostamente espirituais como evangelismo, oração ou culto congregacional sejam os nossos deveres reais ou importantes, enquanto o trabalho diário é inferior. Nem, contudo, que o vai e vem do nosso mundo de

---

45 *Book of Common Prayer*, p. 366.
46 Exemplos disso são Redeemer Presbyterian's Center for Faith and Work, the New City Commons Vocation e o Common Good Project, a linha de pesquisa de teologia do mercado no Regent Seminary, e uma avalanche de livros recentes escritos por evangélicos sobre fé e trabalho, como: Amy Sherman, *Kingdom Calling: Vocational Stewardship for the Common Good* (Downers Grove, IL: InterVarsity Press, 2011); Tim Keller (com Katherine Leary Alsdorf), *Como integrar fé e trabalho: nossa profissão a serviço do reino de Deus* Trad. Eulália Pacheco Kregness (São Paulo: Vida Nova, 2014); e Katelyn Beaty, *A Woman's Place: A Christian Vision for Your Calling in the Office, the Home, and the World* (Brentwood, TN: Howard Books, 2016).

"segunda a sexta" seja o nosso trabalho real e que as nossas vidas espirituais e culto dominical sejam só um extra, uma inserção às vezes estranha de devoção e ensino moral nas nossas vidas que, de outro modo, seriam cínicas e pragmáticas. O trabalho que fazemos juntos a cada semana no culto congregacional transforma e nos envia para o trabalho que fazemos nos nossos lares e escritórios. Da mesma forma, o nosso trabalho profissional e vocacional é parte da missão e do significado do nosso culto congregacional. Somos pessoas que são abençoadas e enviadas; essa identidade transforma como incorporamos o trabalho e o culto no mundo, na nossa semana, até nos nossos menores dias.

Frequentemente, achamos que a Reforma protestante foi um conflito doutrinário. Justificação. Graça *versus* obras. Eclesiologia. Indulgências. E foi. Mas o que capturou a imaginação das pessoas comuns na Europa durante a Reforma não foi os pontos mais sutis da doutrina, mas a noção mais terrena de vocação.[47] A ideia de que todo trabalho honesto é um trabalho santo foi revolucionária. A Reforma foi de encontro a uma hierarquia vocacional que tinha colocado monges, freiras e padres no topo e todos os outros embaixo deles. Os reformadores ensinaram que um fazendeiro pode adorar a Deus sendo um bom fazendeiro e que uma mãe trocando fraldas do seu bebê poderia estar tão próxima de Jesus quanto o papa. Isso foi um escândalo.

---

47   Ver Michael Horton, *Ordinary: Sustainable Faith in a Restless World* (Grand Rapids:Zondervan,2014), p. 197-98. Esse ponto sobre o papel mais popular da vocação na Reforma foi muito bem discutido na minha entrevista por Horton no podcast The White Horse Inn, que pode ser ouvido em: <www.whitehorseinn.org/blog /entry/2013-show-archive/2013/09/01/ whi-1169-courage-in-the-ordinary>.

Até hoje, frequentemente de forma inconsciente, temos a tendência de considerar alguns empregos mais santos ou espirituais do que outros. Quer coloquemos missionários, ativistas sociais, artistas, ricos, poderosos, famosos ou graduados no topo, temos a tendência de avaliar certos tipo de trabalho como melhores do que outros.

No seu livro *Fé e Trabalho*, Tim Keller esboça o que várias comunidades cristãs enfatizam e ensinam sobre como servir a Deus no trabalho. Podem nos dizer que a melhor forma de servir a Deus no nosso trabalho é ser uma pessoa honesta e evangelizar os nossos colegas. Ou promover a justiça social. Ou simplesmente fazer um bom trabalho de qualidade. Ou criar beleza. Ou trabalhar com uma motivação cristã de glorificar a Deus impactando a cultura. Ou ter um "coração grato, alegre, transformado pelo evangelho". Ou fazer o que te parece mais gratificante. Ou ganhar o máximo de dinheiro possível e ser generoso.[48] Todas essas formas podem ser importantes para servir a Deus no nosso trabalho, mas, já que não é possível viver cada uma dessas mensagens simultaneamente, os cristãos tendem a ou serem confusos sobre exatamente como o seu trabalho importa para Deus ou escolher uma ou duas dessas ênfases e recriminar todos os outros, que não estão vivendo à altura de sua opinião sobre o que é trabalho significativo.

Eu cresci com a impressão de que o ministério era o trabalho mais importante e mais espiritual. Mas, no meu contexto atual, a maioria das pessoas que eu conheço (e de estudantes com quem trabalhei) não acham que eles precisam sair dos seus trabalhos ou da sua pós-graduação para estarem em "ministério em tempo integral". Muitos, porém, se sentem culpados se seu

---

48 Keller, *Como integrar fé e trabalho*, p. 23-24.

trabalho não impacta os pobres de uma forma clara e direta. Nas últimas décadas, os evangélicos ficaram mais preocupados com questões de justiça social, que é uma correção bem-vinda e necessária para a separação não bíblica entre evangelho e preocupações sociais.[49] Mas agora podemos sem querer elevar trabalhos "que mudam o mundo" e rebaixar o resto. Recentemente, um amigo meu que estava se preparando para ser professor foi para uma conferência evangélica e saiu com a impressão de que os únicos empregos que importam eram empregos "radicais" que trabalham diretamente com os pobres e marginalizados. Ele me disse que parecia que "o resto de nós tínhamos empregos apenas para financiar aquele trabalho tão importante". Ele se perguntou em voz alta: "como alguém podia evitar sair daquela conferência com um senso de vocação, se não fosse de certas carreiras santificadas?".

Mas Deus se importa com o trabalho do meu amigo e sua pesquisa, não só como meios para outro fim. A fé cristã ensina que todo trabalho que não é imoral ou antiético é parte da missão do reino de Deus.

O reino de Deus vem tanto por meio da nossa adoração congregacional semanal quanto pela nossa adoração "dispersa" no trabalho a cada dia. Assim, todo trabalho, até com tarefas simples e pequenas, importa eternamente. O autor Steve Garbar desafia qualquer tentativa de compartimentalizar adoração e trabalho com o credo do *The Washington Institute for Faith, Vocation and Culture*: "A vocação é essencial, e não incidental, para a Missio Dei".[50]

---

49   Ver Andy Crouch, *Playing God: Redeeming the Gift of Power* (Downers Grove, IL: InterVarsity Press, 2014), p. 79-84.
50   Steven Garber, *Visions of Vocation* (Downers Grove, IL: InterVarsity Press, 2014), p. 18.

A *missio Dei*, a missão de Deus (que também pode ser traduzida como "o envio de Deus") — a ideia de que cada parte da criação será redimida e corretamente ordenada em torno do culto à Trindade — se manifesta de uma forma integral no nosso trabalho.

A cada semana que nos reunimos para o culto, encenamos de novo a realidade de que somos abençoados e enviados. Às vezes, essa grande visão da *missio Dei* pode adentrar, obviamente, na nossa missão, valores, objetivos de vidas e visão, mas ela facilmente pode ser perdida na labuta diária. Para mim, ser "abençoada e enviada" na missão de Deus parece distante e inescrutável na tarefa chata do e-mail. Contudo, cada mensagem na minha caixa de entrada, de alguma forma, toca a minha vocação, ou melhor, vocações. Cada e-mail tem a ver com a minha vida profissional, familiar e cívica.

Eu tenho um amigo que é um líder de alto escalão numa organização nacional. Ele está fazendo um belo trabalho e causando impacto em sua carreira. Mas quando você lhe pergunta o que ele faz da vida, ele responde: "se você perguntar para as crianças, elas vão dizer que eu confiro e-mails e vou para reuniões". Essa visão do Reino, nossa identidade como abençoados e enviados, precisa adentrar as pequenas rotinas do nosso trabalho e vocação diárias, à medida que vamos a reuniões, conferimos o nosso e-mail, fazemos o jantar das crianças ou cortamos a grama.

É fácil eu assumir que as partes da minha vocação que importam para Deus são as partes de que eu gosto. O resto é o ruído da música, tédio, reclamação e males necessários.

Lutero disse: "o próprio Deus irá tirar o leite das vacas por meio daquele cuja vocação é isso".[51] Mas será que o próprio Deus pode conferir e-mail por meio de mim? Será que ele estaria organizando o orçamento da família e dobrando as roupas por meio de mim? Será que ele estaria preenchendo formulários burocráticos do trabalho por meio de mim? Será que ele liga para tudo isso?

Os puritanos, que falaram mais sobre trabalho e vocação do que quase qualquer outra comunidade antes ou desde então, articularam uma ideia útil que Eugene Peterson chamou posteriormente de "santidade vocacional".[52] A ideia é que somos santificados (nos tornamos santos), não no abstrato, mas por meio de uma vocação concreta. A santidade cristã não é uma bondade flutuante removida do mundo, alguns metros acima do chão. É algo específico e, em certo sentido, costurado sob medida especialmente para nós. Crescemos em santidade ao sermos afiados na nossa vocação específica. Não podemos ser santos em abstrato. Pelo contrário, nos tornamos um ferreiro santo, uma mãe santa, um médico santo ou um analista de sistemas santo. Buscamos a Deus em e por meio da nossa vocação e do lugar particular na vida.

Cada tipo de trabalho, portanto, tem o seu lado artesanal que precisa ser desenvolvido com o passar do tempo, tanto para a nossa santificação quanto para o bem da comunidade. À medida que buscamos fazer o nosso trabalho bem e melhorar a

---

51 Gustaf Wingren, *Luther on Vocation*, trad. Carl C. Rasmussen (Eugene, OR: Wipf and Stock, 1957), p. 9, citando *Luther's Works* (St. Louis: Concordia; Philadelphia: Fortress, 1955–86; 2009–), 6:10. Eu agradeço muito ao Dr. Gordon Isaac e a Todd Hains por terem generosamente me ajudado a buscar na fonte.
52 Eugene Peterson, *Under the Unpredictable Plant: An Exploration in Vocational Holiness* (Grand Rapids: Eerdmans, 1992).

nossa habilidade, somos desenvolvidos e ficamos mais afiados no nosso trabalho. Nossa tarefa não é injetar Deus de alguma forma no nosso trabalho, mas se juntar a Deus no trabalho que Ele já está fazendo em e por meio de nossas vidas vocacionais. Portanto, a própria santidade se parece com uma habilidade artesanal— não no sentido abstrato ao qual devemos subir, mas como uma sabedoria e amor terrenos que são uma parte essencial de como passamos o nosso dia. Aprendemos a habilidade artesanal da santidade dia a dia ao viver uma vida em particular. A *missio Dei* é vivida, não primariamente nas minhas reflexões teológicas sobre a importância da maternidade (embora isso seja importante), mas à medida que aprimoro a habilidade artesanal da maternidade nos pequenos momentos quando estou cansada, desgastada e me ajoelho no chão da cozinha para ouvir o que uma criança chorando está dizendo.

Minha identidade como quem foi "abençoada e enviada" precisa ser abraçada e encarnada, mesmo naqueles momentos de e-mail que eu busco formar hábitos melhores de responsabilidade e disciplina. São nessas pequenas tarefas em que vivemos a bênção de Deus e para que fomos enviados; somos abençoados e enviados para as maneiras reais em que usamos as nossas horas. Garber diz:

> Nos ritmos diários de todo mundo em todo lugar, nós vivemos as nossas vidas nas feiras deste mundo: em casas e bairros, em escolas e em fazendas, em hospitais e em empresas, e as nossas vocações estão ligadas com o trabalho ordinário que pessoas ordinárias fazem. Não somos tiros espetaculares no arco da história; pelo contrário, pela simples graça, somos insinuações de esperança.[53]

---

53 Garber, *Visions of Vocation*, p. 189.

Somos alimentados no culto, abençoados e enviados para sermos "insinuações de esperança" (uma frase que Garber pega emprestado de Walker Percy). Somos parte da grande visão e missão de Deus, a redenção de todas as coisas, por meio da habilidade bem terrena de viver e desenvolver a nossa vocação, hora a hora, tarefa a tarefa. Eu quero fazer o grande trabalho do Reino, mas tenho de aprender a vivê-lo nas pequenas tarefas diante de mim, a *missio Dei* na labuta diária.

> *São nessas pequenas tarefas em que vivemos a bênção de Deus e para que fomos enviados; somos abençoados e enviados para as maneiras reais em que usamos as nossas horas.*

A ideia de santidade vocacional é mais fácil de se admitir num contexto imaginário de uma vila puritana, com fazendeiros, queijeiros, pregadores e ferreiros, do que no contexto do meu dia real cheio de companhias de tecnologia, parques empresariais e drive-throughs.

Para começar, há um claro artesanato na ferraria e no cultivo de queijo que, à primeira vista, está claramente ausente na maior parte de trabalho no mundo contemporâneo. Embora eu reconheça o lado mais escuro das comunidades puritanas, para mim, uma vila puritana tem um apelo romântico. Ela tem uma rusticidade atraente com seus açougueiros, padeiros e artífices. É bem mais difícil para mim ver a santidade, dignidade e artesanato presentes no planejamento financeiro ou em administrar um escritório ou no varejo ou dirigindo um ônibus ou virando hambúrgueres na chapa. Um carpinteiro puritano poderia fazer uma cadeira, dar um passo para trás, contemplar um trabalho bem feito e vender isso para o seu vizinho que ele conhecia há décadas, sabendo que o seu vizinho seria abençoado por muitas horas na sua ótima cadeira. Há uma abstração e intangibilidade bem maior agora nas nossas profissões do que quando os puritanos pregavam sermões sobre santidade vocacional. Há forças globais e sistêmicas que podem fazer o trabalho no mundo moderno parecer desumano e vicioso (*vicioso* significa "tendente ao vício"). A música "Sprawl II" da Arcade Fire é um protesto contra essas forças na modernidade, em que "shoppings mortos se levantam como montanhas em cima de montanhas". A música continua: "Eles me ouviram cantando e me falaram para parar / Pare com essas pretensões e só bata o ponto / Esses dias são a minha vida, e eu sinto que ela não tem propósito".[54]

Pode haver um profundo senso de falta de propósito no trabalho moderno, no nosso dia a dia batendo ponto. Vivemos num mundo onde eu posso me sentar numa mesa e mandar e-mails para pessoas que nunca vi na vida para discutir um trabalho que vou fazer de cara para uma tela. E, por mais que tenhamos de lutar contra a injustiça e condições desumanas que tornam o trabalho moderno intolerável, não podemos criar inconscientemente uma nova "hierarquia de santidade" que eleva o trabalho antigo acima dos nossos empregos modernos. Parte da nossa tarefa especial como crentes enviados

---

54 Arcade Fire, "Sprawl II (Mountains Beyond Mountains)," *The Suburbs*, © 2010 Merge Records. [Original em inglês: "They heard me singing and they told me to stop / Quit these pretentious things and just punch the clock / These days my life, I feel it has no purpose."]

pela igreja para a *missio Dei* é incorporar a santidade, não só na ferraria e fazendo queijo, mas em e por meio do trabalho que é inevitavelmente moldado pela modernidade e tecnologia. Preciso conferir o meu e-mail. Neste momento, é esse o trabalho que meu Deus me deu para fazer.

A maioria de nós não é chamada para simplesmente abandonar o mundo moderno em prol de um ideal de retorno à natureza. Pelo contrário, mesmo agora, precisamos aprimorar as nossas habilidades e hábitos para podermos fazer o nosso trabalho bem e para amarmos o nosso próximo por meio do nosso trabalho, quer esse próximo seja alguém que conheçamos há décadas ou alguém sentado numa tela de computador bem longe. Eu já fui abençoada e ajudada por pessoas que fazem bem os seus trabalhos modernos, pessoas que serviram a mim, ao seu próximo, por meio do que Keller chama de "ministério da competência".[55]

Mas aqui que mora o problema: eu odeio e-mail. O e-mail faz me sentir como se eu fosse um fracasso por não conseguir arrumar a minha própria vida. Contudo, enviar e-mails é uma tarefa santa. Parte da minha santificação e parte da redenção do mundo consistem em eu aprender a fazer o meu trabalho bem ou, pelo menos, melhor do que faço atualmente.

Eu já tive vários empregos diferentes. Todos os quais formaram em mim a habilidade artesanal da santidade. Mãe, pastora, missionária de campus, escritora. Eu já trabalhei numa livraria, num café, num mercado orgânico, num escritório de uma pré-escola e num centro de reabilitação para dependentes químicos. Já fiz parte de uma equipe de produção de um filme, ensinei inglês em outros países, ajudei em classes

---

55 Keller, *Como integrar fé e trabalho*, p. 74.

de balé para crianças e fui babá. Meu pior trabalho foi num complexo médico gigante como secretária de agendas. Foi um ano cheio de luzes fluorescentes, headsets, dor nas costas de tanto ficar sentada, pacientes irados reclamando do seu plano de saúde e longas tardes de contar os minutos até que chegasse cinco horas da tarde. Meus dias eram gastos com ficar de cara para uma tela recebendo ligação em cima de ligação por oito horas, um trabalho completamente repetitivo e monótono. E o que o tornou mais difícil foi que os meus colegas eram frequentemente estressados e desagradáveis.

Mas tinha a Dee. Dee trabalhava com aquilo já fazia tempo e era excelente. Ela brilhava com orgulho das fotos de família que decoravam a sua mesa. Ela sabia como diferenciar quais pacientes precisavam urgentemente de cuidado e atenção e aqueles que simplesmente estavam sendo impacientes. Ela continuava calma e ajudava a acalmar pacientes afobados ou irritados. Ela era boa com detalhes (e tínhamos de resolver muitos detalhes) e parecia ser amiga de todo mundo no escritório.

Até mesmo num ambiente mecânico e robótico, num escritório desalmado e estressante, Dee demonstrava excelência. Ela ficou afiada naquilo. O seu emprego (como o meu) poderia parecer ser o mais subalterno naquele estabelecimento médico, mas ela era boa naquilo e, ao fazê-lo, melhorava a qualidade do meu trabalho e mantinha aquele lugar funcionando. Ela era uma agente da redenção.

●

O nosso artesão puritano podia fazer uma ótima cadeira e então podia deixar ela de lado e ir fazer outras tarefas, descansar ou encontrar seus amigos. Ele não enfrentava uma cultura de *workaholics* alimentada por um mundo de conexão e produtividade ativo 24 horas por dia, 7 dias por semana. Ele não tinha um smartphone. Na nossa sociedade moderna, quando somos abençoados e enviados para fazer o trabalho que Deus nos deu para fazer, nós somos enviados para uma cultura na qual trabalhar pode ocupar tudo e não ter limites.

Nossa vida frenética de trabalho está desconectada dos ritmos das estações ou do dia e da noite. Podemos trabalhar constantemente. Eu posso conferir o meu e-mail em qualquer uma das vinte e quatro horas do dia, faça chuva, faça sol. Podemos ter a impressão de que sempre estamos trabalhando, já que o trabalho nos segue onde quer que vamos. Com essas mudanças, vem uma tentação maior para tornar o trabalho e a produtividade um ídolo a que sacrificaremos descanso, saúde e relacionamentos.

Como fica a santidade vocacional quando a tecnologia pode fomentar hábitos que alimentam um apetite doentio e ímpio por produtividade sem fim? Como Marta, podemos ficar ocupadas demais na cozinha, "ansiosa e afadigada com muitas coisas" (Lucas 10.41, ARC). É fácil ficar ansiosa, exausta e perder a boa parte, especialmente quando o trabalho sempre está a mão, literalmente, com nossos aparelhos portáteis.

No extremo oposto do *workaholismo*, posso idealizar e exaltar o escapismo como um ideal contemplativo. Mesmo que eu confesse com os reformadores que o trabalho de um fazendeiro no campo é tão importante e santo quanto o trabalho do monge na sua cela, quando se trata do meu trabalho mundano, eu frequentemente quero escapar para a cela monástica.

Quer venha do meu grupo de jovens me impregnando com a importância de fazer uma devocional diariamente, ou meu profundo respeito pelo monasticismo e pela espiritualidade contemplativa, eu ainda imagino o meu "encontro com Deus" acontecendo num lugar silencioso, preferencialmente ao ar livre perto do oceano ou num lago tranquilo, ou numa catedral com vitrais, com a minha Bíblia, meu diário e horas de tranquilidade. É assim que eu preferiria que Deus me encontrasse, e não por meio de um "ministério da competência" ao conferir o meu e-mail. Esse anseio por um ideal contemplativo pode ser um fardo particular para mim como uma jovem mãe, numa casa que é normalmente alta, ativa, com pouco sono e cheia de pedidos e necessidades infindáveis.

Eu preciso de uma terceira via: nem atividade frenética, nem fuga do mundo de segunda a sexta, mas uma maneira de trabalhar que seja moldada por ser abençoada e enviada. Essa terceira via é marcada por uma liberdade da compulsão e da ansiedade, porque se fundamenta na bênção final, a bênção e o amor de Deus. Mas isso também abraça ativamente a missão de Deus no mundo ao qual fomos enviados.

Um monge do século catorze, Walter Hilton, escreveu cartas para um leigo envolvido na vida comercial e política que queria entrar na vida contemplativa numa comunidade religiosa. Hilton desafiou esse homem a continuar na sua profissão e a abraçar "uma terceira via, uma vida mista combinando a atividade de Marta com a refletividade de Maria". Hilton conclui que "uma espiritualidade assim precisa ser conscientemente modelada e ensinada".[56]

---

56 Robert Banks and R. Paul Stevens, *The Complete Book of Everyday Christianity* (Downers Grove, IL: InterVarsity Press, 1997), p. 1128.

Essa terceira via evita o *workaholismo* frenético que surge das nossas tentativas de merecer a nossa beatitude e guiar os nossos destinos. Mas isso não abandona as nossas tarefas diárias, nem as desvaloriza como menos santas. B. B. Warfield, um professor de teologia em Princeton no final do século dezenove e no começo do vinte, se preocupava com o que ele via como uma "tendência [...] à atividade incansável" à custa de profundidade espiritual.[57] Warfield nos lembra de que "a atividade, evidentemente, é boa [...] Mas não quando ela substituía força religiosa interior. Não podemos acompanhar as nossas Martas. Mas o que faremos quando, por toda a extensão e comprimento da terra, buscarmos em vão por uma Maria?".[58] Contudo, nesse mesmo discurso, Warfield integra o valor da oração e da tranquilidade com a sua vocação como um acadêmico. Ele refuta a alegação de que "dez minutos de joelho te darão um conhecimento mais verdadeiro, profundo e operante de Deus do que dez horas debruçado nos seus livros" ao dizer que um correto entendimento da sua vocação o levaria a "dez horas debruçado nos seus livros, de joelhos".[59]

Eu quero aprender como perder tempo com a minha caixa de entrada, a minha roupa suja e os formulários da Receita Federal, mas ainda, misteriosamente, estando sempre de joelhos, oferecendo o meu trabalho como uma oração ao Deus que abençoa e envia.

---

57 B. B. Warfield, "The Religious Life of Theological Students," B. B. Warfield: The Life, Thought, and Works of Benjamin Breckinridge Warfield (1851– 1921), acesso em 27 de outubro de 2015. Disponível em: <http://bbwarfield.com/works/sermons-and -addresses/the-religious-life-of-theological-students/>.
58 *Ibid.*
59 *Ibid.*

Viver uma terceira via do trabalho, em que buscamos santidade vocacional em e por meio do nosso trabalho enquanto resistimos a idolatria do trabalho e de metas cumpridas, nos permite viver tendo o trabalho como uma forma de oração. Esse entrelaçar de trabalho e oração é parte de uma antiga prática espiritual. Muito antes dos puritanos ou de B.B. Warfield, a frase latina *ora et labora*, ou "ora e trabalha", marcava a espiritualidade monástica, particularmente nas comunidades beneditinas. A ideia é talvez mais celebremente exemplificada pelo Irmão Lourenço, que escreveu: "o tempo da ocupação não difere para mim do tempo de oração, e no barulho e fragor da minha cozinha [...] eu possuo a Deus numa grande tranquilidade tão grande quanto ao estar de joelhos perante o Santíssimo Sacramento".[60]

É difícil para mim acreditar que conferir meus e-mails pode ser um local de oração. Eu quero que Deus me chame para fazer outras coisas, coisas que parecem mais importantes, significativas e emocionantes. Mas esse trabalho, nesta hora, é uma oração viva para que possa "ir em paz e servir ao Senhor".[61]

Isso não significa que eu precise ser neurótica ao conferir e-mails. Acho que isso eu nunca vou ser. Mas quero lembrar que fomos feitos para um dia quando os eleitos de Deus "desfrutarão de todas as obras das suas próprias mãos". Somos abençoados e enviados para trabalhar neste mundo, onde enfrentaremos a queda e a labuta desgastante. Mas até aí o nosso labor não é em vão. E um dia todo ele, até as nossas menores tarefas diárias, mesmo o e-mail, será esquadrinhado, depurado e redimido.

---

60 Irmão Lourenço, *The Practice of the Presence of God* (Grand Rapids: Spire Books, 1967), p. 30.
61 *Book of Common Prayer*, p. 366.

Perguntas para reflexão

1. Quais tarefas você mais gosta? E quais você gosta menos?

2. Você se vê numa "hierarquia de santidade" que privilegia alguns tipos de trabalho acima de outros? Ou diferentes atividades no seu trabalho?

3. A autora escreve: "Não há uma competição entre o que fazemos enquanto congregação no culto congregacional [...] e nas nossas vocações no mundo. Para os crentes, os dois são intrinsecamente partes um do outro". Como você vê a sua vida profissional e o seu culto se interligando? Como eles influenciam e moldam um ao outro?

4. A autora escreve sobre "santidade vocacional". Como abordar o trabalho como um ofício e um lugar de formação pode mudar a maneira como você pensa sobre o seu trabalho?

5. Como essa visão da santidade como um ofício afeta o seu entendimento do crescimento na vida cristã?

6. A autora discute uma "terceira via: nem atividade frenética, nem fuga do mundo de segunda a sexta [...] Essa terceira via é marcada por uma liberdade da compulsão e da ansiedade porque se fundamenta na bênção final, a bênção e o amor de Deus. Mas isso também abraça ativamente a missão de Deus no mundo ao qual fomos enviados". Você sente como

se tivesse encontrado uma "terceira via" na sua vida profissional? Por que sim? Por que não?

7. Você luta para encontrar uma maneira de trabalhar que seja menos ansiosa, por um lado, ou que não escape do mundo, pelo outro? Se sim, como?

8. Como a sua identidade enquanto "abençoado e enviado" muda a sua vida e trabalho no mundo?

Práticas sugeridas

1. Ore a cada manhã para que Deus te envie para fazer o trabalho que ele te deu para fazer.

2. Reflita sobre como uma tarefa no seu trabalho diário te forma. Escreva sobre formas como o seu trabalho te desenvolveu no seu arrependimento e dependência de Deus.

3. Convide Deus em oração a te ensinar a abordar suas tarefas profissionais como orações. O que seria para você estar trabalhando, de joelhos?

4. Tente fazer uma tarefa que você não gosta sem reclamar.

5. Se você às vezes trabalha mais do que é saudável, evite responder e-mails ou outras tarefas do trabalho depois do horário comercial nesta semana e gaste esse tempo descansando.

8

Ficando presa no trânsito

O tempo litúrgico e um Deus sem pressa

Eu estou na rodovia Interstate-35. Parada. Eu não posso ver o que está à frente. Teve uma batida? Alguma obra na estrada? Eu confiro o meu aplicativo de GPS. Uma grossa linha vermelha se estende no que parece ser mais de uma milha.

Eu vou ficar aqui por um tempo.

As crianças estão amarradas nos seus assentos do carro chutando os bancos à sua frente de tanto tédio. Estamos todos um pouco cansados e rabugentos. Está quente no carro. Eu aciono o ar-condicionado e ligo o rádio.

Precisamos chegar logo em casa ou as minhas filhas vão ficar irritadas, "morrendo de fome", como elas dizem. Elas vão tomar banho e dormir tarde, e lá se vai a minha esperança de um pouco de descanso. Quanto mais eu espero, mais irritada fico. Realmente nunca entendi por que as pessoas buzinam no engarrafamento. Ninguém pode ir mais rápido. Todos estamos presos. Ninguém fica feliz por isso. Mas as pessoas buzinam, como se fosse um protesto sônico contra os céus. Diante da nossa impotência, nosso entrave, nossos minutos mortais se esvaindo, nós apenas buzinamos: um ato de fúria e protesto que apenas soma barulho, mas não movimento. Nós somos gansos grasnando presos numa armadilha.

Eu julgo as pessoas que buzinam no engarrafamento, mas, se os meus sentimentos fizessem barulho, eles também estariam buzinando. Sou impaciente. Vivo num mundo instantâneo onde eu gosto de pensar que sou a capitã do relógio. Vivo com a ilusão de que o tempo (o meu tempo, pelo menos) é algo que eu controlo. Não sou uma agricultora. Não preciso esperar pela colheita ou por uma mudança de clima. Não sou uma parteira. Não preciso esperar a chegada de bebês. Quando o meu computador fica lento, só por alguns segundos, na verdade, eu murmuro: "isto aqui vai demorar uma eternidade".

É claro, se eu soubesse quanto tempo ainda tenho de vida, se o tanto de dias remanescentes meus ou de alguém próximo a mim pudessem ser contados em semanas, eu entenderia que o tempo não está no meu controle. Ou, se eu vivesse sem o luxo da eletricidade, o tempo mostraria mais claramente que está no comando.

Mas, na minha vida, o tempo na maioria das vezes é algo que eu busco gerenciar ou que me deixa rancorosa: algo, pelo jeito, que eu nunca posso ter o suficiente. Na minha vida frenética, esqueço como desacelerar e esperar. Para o bem da minha própria alma, preciso sentir como é esperar, deixar os momentos passarem diante de mim. E aqui estou eu, jogada numa antiga prática espiritual no meio da estrada — forçada, contra a minha vontade, a praticar a espera.

Uma das minhas cenas favoritas na literatura é quando os lilliputianos nas *Viagens de Gulliver* pensam que, porque Gulliver não para de conferir o seu relógio, esse objeto devia ser o deus dele.[62] Foi um comentário genial de Swift sobre a adoração da sua época ao tempo, à pressa e à eficiência, que se aplica igualmente a nós hoje. (Seguindo a lógica dos lilliputianos, o meu deus é o meu smartphone).

Mas a realidade é que eu não controlo o tempo. Todo dia eu espero. Eu espero por ajuda, por cura, por dias vindouros, por resgate e redenção. E, como todos nós, eu espero a morte.

E eu espero pela glória, pelo Rei que vem, pela ressurreição do corpo.

Os cristãos são pessoas que esperam. Vivemos num tempo limiar, num já e ainda não. Cristo veio e retornará. Nós vivemos no meio-tempo. Nós esperamos.

Mas, na minha vida diária, desenvolvi hábitos de impaciência, de acelerar, de tentar apertar mais no meu dia lotado. Como eu posso viver como alguém que vigia e espera pelo Reino vindouro quando mal posso esperar a água ferver?

---

62   Jonathan Swift, *Gulliver's Travels* (Nova Iorque: E. P. Dutton, 1912), p. 26.

O teólogo Hans Urs von Balthasar sugere que a impaciência está na raiz de todo pecado. Ele explica o papel central da paciência na vida cristã:

> A vontade de Deus era que o homem tivesse todo o bem, mas [...] só no tempo de Deus; e, portanto, toda desobediência, todo pecado, consiste essencialmente em romper com o tempo. Logo, a restauração da ordem pelo Filho de Deus precisava passar pela anulação desse agarrar prematuro do conhecimento, bater na mão esticada para eternidade, o retorno penitente de uma transferência rápida e súbita para a eternidade para um confinamento verdadeiro e lento no tempo [...] A paciência [é] o elemento constituinte básico do cristianismo [...] o poder para esperar, para perseverar, para aguentar, para perseverar até o fim, para não transcender as próprias limitações, para não forçar as coisas se tornando o herói ou o titã, mas praticar a virtude que está além do heroísmo, a mansidão do cordeiro que é guiado por outro.[63]

Já que sou amada por Deus, preciso aprender a dura prática da paciência.

Ficar presa no tráfego, impotente, é um dos poucos momentos no meu dia em que incorporo o verdadeiro estado de toda a minha existência humana: a caminho, já e ainda não, viver como uma criatura no meio-tempo, esperando.

---

63 Hans Urs von Balthasar, *A Theology of History* (São Francisco: Ignatius, 1994), p. 36-37.

O TEMPO LITÚRGICO E UM DEUS SEM PRESSA

Os cristãos existem numa cronologia alternativa. A igreja tem o seu tempo próprio. Eu só descobri isso na faculdade, e foi estonteante. Foi como uma criança descobrindo uma passagem secreta na sua própria casa. O tempo litúrgico. "Quer dizer que isso estava aqui o tempo todo? Bem aqui em casa? Esperando ser explorado?".

Já fazia tempo que eu sentia que não tinha pegado o jeito de viver no tempo. Enquanto ficava mais velha, eu o resistia. Eu sempre enrolava, o que irritava o meu pai, que era bem pontual. Eu era lenta demais, nunca era pontual, nunca estava com pressa. Não sabia como viver como se o tempo fosse um recurso escasso.

Quando fiquei mais velha, eu sentia que o tempo não tinha forma ou significado. Penso que parte do meu desconforto com o conceito de tempo se devia ao fato de que eu vivia no centro do Texas, onde as folhas não mudam com as estações e só neva uma vez a cada década. Eu ansiava por significado, ritmo e limites no tempo, mas eles não eram imediatamente evidentes para mim no ambiente ao meu redor.

Os texanos tentam seguir o resto dos Estados Unidos e mantêm uma fachada de estações. Nós colocávamos homens de neve de madeira na frente da nossa casa no Natal. Homens de neve de madeira! Homens de neve de verdade não podiam ser feitos, então usávamos os de madeira para perpetuar o mito da mudança de estações em meio ao clima de 15 e poucos graus Celsius. Parecia piegas para mim, mesmo quando criança. Então o próprio tempo parecia artificial e falsificado. O tempo criado por humanos podia parecer algo real, mas, na maior parte das vezes, ele era um produto, uma invenção feita para vender algo. Talvez para vender homens de neve para quem mora no Sul. Descobrir o calendário litúrgico era como descobrir tempo de verdade. Isso dava uma moldura transcendente para a minha vida. O tempo não era mais arbitrário, um calendário acadêmico, uma estratégia de marketing, uma promoção de volta às aulas, um saldão no Dia do Trabalhador, um feriado nacional, uma temporada esportiva. Agora, o tempo era sagrado. Ele era estruturado pela adoração. Ele diferenciava a igreja como um povo global e alternativo. O tempo tinha forma e significado. De repente, o tempo era uma história. E eu podia viver numa história.

> *O tempo criado por humanos podia parecer algo real, mas, na maior parte das vezes, ele era um produto, uma invenção feita para vender algo. Talvez para vender homens de neve para quem mora no Sul.*

No calendário eclesiástico, aprendemos o ritmo da vida por meio da narrativa. A cada semana, reencenamos a obra criativa de Deus e o seu descanso. A cada ano, contamos de novo a história de Jesus. Advento, natal, epifania: a história do povo de Deus ansiando por um Messias, o nascimento de Cristo e então a sua revelação como Rei para o mundo todo. Quaresma, Páscoa e Pentecostes: a história da tentação de Cristo, sua vida num mundo caído, sofrimento, morte, ressurreição e ascensão, e então a vinda do Espírito Santo e o nascimento da igreja. Vivemos essa história a cada ano, semana a semana, vivendo na prática o que confessamos no credo na forma como nomeamos os nossos dias.

E no tempo litúrgico, damos espaço, muito espaço, para a espera.

Quando observamos o Sabbath, não só estamos lembrando o descanso de Deus depois de sua obra criativa, mas também estamos antecipando o descanso vindouro, o Sabbath porvir quando Deus terminará a sua obra redentiva. Lembramos juntos que estamos esperando o fim da história, a renovação de todas as coisas.

No ano litúrgico, nunca há celebração sem preparação. Primeiro esperamos, choramos, lamentamos, nos arrependemos. Não estamos prontos para celebrar até que reconheçamos, com o tempo por meio do ritual e do culto, que nós e este mundo não estamos ainda endireitados e completos.[64] Antes da Páscoa, tem a quaresma. Antes do Natal, tem o advento. Nós jejuamos. Depois, festejamos.

Nós nos preparamos. Nós praticamos a espera.

No ritmo sagrado do nosso tempo, nós abraçamos a tensão da nossa realidade. Vivemos entre o *Dia D* e o *Dia V*. A vitória está assegurada, mas a guerra ainda continua por um tempo.

Somos pessoas impacientes. Queremos felicidade agora. Realização e gratificação agora. O tempo é só outra mercadoria que buscamos maximizar.

Fico irritada no trânsito, porque ele me lembra de que o tempo não se dobra a mim.

---

64 Parte do material nessa seção apareceu pela primeira vez em Tish Harrison Warren, "How the Liturgical Calendar Keeps Me Sane," *The Well* (blog), 27 de novembro de 2013. Disponível em: <http://thewell.intervarsity.org/blog/how-liturgical-calendar-keeps -me-sane>.

No seu livro *Receiving the Day* [Recebendo o dia], Dorothy Bass descreve como perceber o tempo como algo que possuímos e gerenciamos, como blocos no nosso planejamento diário, pode nos levar à falsa crença de que o tempo é primariamente uma força para ser domada, usada e controlada. Bass me descreve com uma precisão perfurante:

> Nós nos iludimos acreditando que se apenas conseguirmos fazer tudo, se ao menos conseguirmos amarrar todas as pontas soltas, se conseguirmos estar um pouco mais à frente da correria, iremos provar o nosso valor e nos estabeleceremos em segurança. O nosso problema com o tempo é social, cultural e econômico, com certeza. Mas ele também é um problema espiritual, algo que vai bem no cerne de quem nós somos como seres humanos [...] De fato, essas distorções nos levam para os braços de uma falsa teologia: acabamos crendo que nós, e não Deus, somos os senhores do tempo. Acabamos acreditando que o nosso valor precisa ser provado pela maneira que usamos as nossas horas e que a nossa segurança última depende de uma boa gestão da nossa parte.[65]

A realidade é que o tempo é um rio no qual somos jogados. O tempo é um presente de Deus, um meio de adoração. Eu preciso que a igreja me lembre da realidade: o tempo não é uma mercadoria que eu controlo, gerencio ou consumo. A prática do tempo litúrgico me ensina, dia a dia, que o tempo não é

---

65 Dorothy Bass, *Receiving the Day: Christian Practices for Opening the Gift of Time* (São Francisco: Jossey-Bass, 2000), p. 3.

meu. Ele não gira em torno de mim. O tempo gira em torno de Deus: o que ele fez, o que ele está fazendo e o que ele fará. Vivemos num mundo em espera, o mundo onde o próprio tempo, junto com toda a criação, geme com dores de parto, esperando por certo nascimento. Aqui no trânsito, quando estou presa no meio-tempo, não estando nem de onde eu vim nem para onde vou, eu resido no ritmo litúrgico que pratico ano a ano: esperar e ter esperança. Minha realidade presente está fundamentalmente orientada pelo que está por vir. Eu estou a caminho.

Esperar, portanto, é um ato de fé orientado para o futuro. Contudo, a certeza da nossa esperança está enraizada no passado, na pessoa de Jesus de Nazaré e nas suas promessas e ressurreição. Dessa forma, esperar, como o próprio tempo, se centra em Cristo, o sustentáculo do tempo.

●

Por causa da obra de Cristo, esperamos com expectativa. Nós substituímos o desespero que o passar do tempo inevitavelmente traz — "cinza à cinza, pó ao pó" — com fé — "se já morremos com ele, também viveremos com ele".[66] Os ritmos do calendário eclesiástico nos orientam para o nosso mais verdadeiro futuro. As nossas imaginações estão fixadas no que está por vir, na glória futura em que Deus endireitará todas as coisas.

Praticar o calendário litúrgico é uma contra-formação numa cultura de impaciência. Ela nos separa como um povo

---

66 *Book of Common Prayer*, p. 281, 501.

peculiar que resiste ao que James K. A. Smith chama do "caráter comercial e frenético incessante da nossa cultura".⁶⁷

A Escritura nos diz que quando "esperamos o que não vemos, com paciência o aguardamos" (Rm 8.25). Vivemos cada dia ordinário à luz de uma realidade futura. O nosso melhor ainda está por vir.

> *Em meio à tendência da nossa cultura de abraçar uma festança constante que nos deixa de ressaca e vazios, somos pessoas em treinamento, aprendendo juntas a esperar.*

Praticar o tempo da igreja nos coloca na contramão do tempo do mundo. Nossa cultura tende a correr de festa em festa: de um mês de Halloween para dois meses de Natal, para o Super Bowl, Carnaval, Cinco De Maio e assim por diante. Em meio à tendência da nossa cultura de abraçar uma festança constante que nos deixa de ressaca e vazios, somos pessoas em treinamento, aprendendo juntas a esperar. Praticamos formas de esperar, de ter esperança, de desacelerar, de preparar e, por causa de tudo isso, de verdadeiramente festejar.

Eu passei as minhas primeiras férias da faculdade com uma comunidade de cristãos que trabalhavam com adolescentes em situação de rua e crianças vítimas de abuso. As trevas que esses amigos confrontavam diariamente era quase palpáveis. Toda semana encontrávamos suicídio, violência, as consequências do vício em drogas e gerações de abandono e abuso. Contudo, essa comunidade cristã, mais do que qualquer

---

67 James K. A. Smith, *Desejando o reino: culto, cosmovisão e formação cultural*. Trad. A. G. Mendes. São Paulo: Vida Nova, 2018, p. 159.

outra que eu já vi, festejava de todo o coração e com uma alegria intensa. Quando alguém fazia aniversário, era um dia todo de surpresas risonhas. Quando uma das crianças com quem eles trabalhavam alcançava uma conquista, um mês de abstinência ou um novo passo na cura, eles arrebentavam a boca do balão. Eles viviam perto de profunda dor, mas, em meio à lamentação, eles aprenderam a praticar a celebração. Eles viviam em espera e festejavam a cada etapa cumprida. Era como um riso que vem depois de um longo dia de trabalho.

⬤

Eu tenho um quadro em cima da minha cama com a cópia de uma pintura que a minha amiga Jan fez. Ela aprendeu muito sobre esperar por meio de uma prática longa e dolorosa. Ela tinha um câncer recorrente e problemas de saúde significativos que lhe deram cicatrizes e uma alegria dura de conquistar. Foi moldada pela espera, a espera pela ligação de um médico, pelos resultados de um exame, de outro tratamento, de cura, de ela não sabe o quê. A casa dela é cheia de pinturas suas e um dia, ao entrar na casa, eu me deparei com uma que me chamou a atenção. Ela era abstrata, luminosa e com texturas elaboradas, e havia um buraco de fechadura grudado na tela. Ficar ali parada na frente era como ficar parada na frente de uma misteriosa porta de outro mundo. Eu virei para a Jan e disse: "eu quero ver o que tem do outro lado da porta". Ela sorriu e disse: "Que bom. É exatamente isso que eu quero que você sinta".

Essa pintura se chamava "O Presente". Ela foi pintada durante uma época em que ela estava lutando para permanecer fiel enquanto ela esperava, e esperava, e esperava. Ela explicava que queria que o observador se distendesse com um senso de espera, de não ser capaz de dar uma olhada no que havia do outro lado, suspenso numa postura de expectativa e incerteza. Ela me olhou e disse: "eu sempre senti como se eu estivesse esperando por um tipo de presente. Mas eu aprendi que a espera é o presente".[68]

O que isso quer dizer? Para mim, ficar na frente daquela porta foi enlouquecedor. Mas Jan, que tinha praticado a espera bem mais e bem melhor do que eu, sabia o que era esperar pacientemente, crendo que o tempo de Deus é perfeito e que, misteriosamente, tem mais acontecendo enquanto esperamos do que simplesmente esperar. Na espera, Deus se encontrou com Jan e semeou nela coisas que crescem com o tempo — com estações diferentes e de tirar o fôlego.

Deus está trabalhando em nós e por meio de nós enquanto esperamos. Nossa espera é ativa e cheia de propósito. Meu amigo Steven, o agricultor-profeta, me lembra de que um campo em pousio nunca está dormente. Enquanto a terra espera que se plante e cresça nela, há uma obra sendo feita invisível e silenciosamente. Microrganismos estão se reproduzindo, se movendo e comendo. Vento, sol, fungos e insetos estão dançando uma delicada dança que fertiliza o solo, deixando-o mais rico e melhor, preparando-o para a plantação.

Robert Wilken observa o relacionamento entre paciência e esperança na sua exploração do pai da igreja Tertuliano.

---

68   Esta seção já foi publicada anteriormente em Tish Harrison Warren, "Waiting: Ache and the Gift in Between", *The Well* (blog), 31 de julho de 2013. Disponível em: <http://thewell.intervarsity.org/blog/waiting>.

A marca singular da paciência não é perseverança ou fortitude, mas esperança. Ser impaciente [...] é viver sem esperança. A paciência se fundamenta na Ressurreição. É uma vida orientada para um futuro que foi feito por Deus, e o seu sinal é ansiar, não tanto para se libertar dos males do presente, mas em antecipação do bem que virá.[69]

Neste exato momento de espera, Deus está trazendo o reino que um dia será plenamente conhecido. Podemos ser pacientes como um campo em pousio, porque sabemos que há presentes prometidos por um Doador em que se pode confiar.

Contudo, a nossa paciência não nos torna indiferentes com o mundo caído. Não estamos esperando amargurados para abandonar este mundo por outro melhor. A fé cristã nunca será uma sentimentalidade platônica de outro mundo que ignora a injustiça e as trevas ao nosso redor. Sabemos que as coisas não são como deveriam ser. Também sabemos que aqui, não no céu, mas neste mundo terreno e em espera de pessegueiros e minhocas, de bandas marciais e didjeridus, tudo será consertado. O céu será estabelecido bem aqui no nosso meio.

Parte da minha impaciência na via I-35 se deve ao fato de eu ser infeliz com o jeito que as coisas são. Na última semana, enquanto esperava no salão de beleza para cortar o cabelo, os funcionários *hipsters* dali me deram uma cerveja,

---

69 Robert Louis Wilken, *The Spirit of Early Christian Thought: Seeking the Face of God* (New Haven: Yale University Press, 2005), p. 284.

uma cadeira confortável e uma música boa de fundo, então nem me importei tanto de ter que esperar. Mas aqui, debaixo de um viaduto, cercada de concreto, com *outdoors* cheios de propaganda do McDonald's e com as minhas filhas inquietas exigindo que eu desligue o rádio, eu só quero que tudo ande logo. Vem, Senhor Jesus.

Os cristãos são marcados não só pela paciência, mas também pelo anseio. Somos orientados pela nossa esperança futura, contudo, não tentamos escapar da nossa realidade presente, da fragilidade e sofrimento reais e prementes do mundo. Como Smith coloca, "[nós somos um povo que] se sente de certa forma inquieto no presente, assombrado pela fragmentação do 'agora'. O futuro que esperamos — um futuro em que a justiça fluirá como as águas e a retidão como um ribeiro que corre incessantemente — paira sobre nosso presente e nos permite ver qual o alvo pelo qual trabalhamos aqui e agora, quando oramos: 'venha o teu reino'".[70]

Vivemos num mundo brutal. Mas, na vida de Cristo e na obra do Espírito Santo, vislumbramos a redenção e participamos nela. Nós temos um *telos* enquanto esperamos, um propósito e um objetivo. Porque nós temos um *telos*, um reino onde a paz reinará e onde Deus será adorado, nunca podemos deixar nossas vidas envoltas em pequenos luxos e confortinhos de nada de forma a nos calejarmos para o chamado profético de Deus para justiça e integridade neste mundo. Nossa esperança para uma shalom futura nos motiva a corrermos em direção a essa realidade, até nos nossos dias ordinários. O nosso trabalho, os nossos momentos de oração e ministério, os nossos menores dias vividos com

---

70   Smith, *Desejando o reino*, p. 159-160.

graça, missionalmente e fielmente darão frutos que ainda não podemos ver.

E se, no trânsito da I-35, nós, viajantes, esquecemos o nosso *telos*? E se todos abandonamos os nossos destinos, os nossos compromissos para onde estamos indo, e viéssemos a acreditar que esta rodovia encardida é tudo que há? E se todos saíssemos dos nossos carros e acampássemos numa porção imunda da pista? Alguém ia tirar uma churrasqueira do bagageiro e começar um churrasco. Talvez começássemos um jogo de poker. Não vamos a lugar nenhum mesmo. Eventualmente, diríamos que não há outro lugar para irmos e simplesmente iríamos buscar o máximo de conforto possível ali. As pessoas iam começar a guardar comida. Ia ter briga uma hora ou outra. As pessoas iam pegar gasolina uma das outras e brigar por cabos de bateria para o ar-condicionado continuar funcionando. Cada um iria montar o seu próprio território e tentaria prolongar a sua existência nessa rodovia, acreditando que essa fumaça de gasolina e pilares de concreto são tudo que existe; o mundo sempre foi assim e sempre será assim.

Seria um desastre. Desconectados de uma realidade mais ampla, nós perderíamos o nosso *telos*. Teríamos nos esquecido de que há melhores maneiras de viver.

A orientação para o futuro do tempo cristão nos lembra de que somos um povo a caminho. Ela nos permite viver no presente como um povo alternativo, esperando pacientemente pelo porvir, mas nunca abrindo mão do nosso *telos*. Nós nunca estamos realmente confortáveis. Buscamos a justiça, praticamos a misericórdia e proclamamos o reino vindouro.

O calendário litúrgico nos lembra de que somos um povo que vive por uma história diferente. E não só por uma história, mas *em* uma história. Deus está redimindo todas as coisas, e as nossas vidas, sim, até os nossos dias, são parte dessa redenção. Nós vivemos na verdade de que, seja a nossa viagem rápida ou lenta, estamos indo para algum lugar. Ou, mais precisamente, algum lugar (e Alguém) está se aproximando de nós.

A redenção está vindo com tudo para a nossa pequena porção do universo, pouco a pouco, dia a a dia, quilômetro a quilômetro. Temos esperança porque o nosso Senhor prometeu que ele está preparando um lugar para nós. Estamos esperando, mas vamos chegar em casa.

Perguntas para reflexão

1. Quais foram alguns períodos no seu dia ou épocas na sua vida onde você teve de esperar?

2. Como é esperar para você? O que você sente enquanto espera?

3. A autora cita Hans Urs von Balthasar, que escreve que o pecado se baseia na impaciência. "A paciência [é] o elemento constituinte básico do cristianismo". Você concorda com essa visão do papel central da paciência na vida cristã? Por que sim? Por que não?

4. A autora conta uma história sobre a sua amiga, Jan, que diz que há dádivas na espera. Que dádivas você já recebeu no processo de espera? Como você cresceu?

5. Você já praticou o ano litúrgico? Se sim, como você observou essa prática te formando ou moldando a sua visão de tempo ou os seus dias?

6. Como o ano litúrgico age como uma contra-formação à cultura?

7. Se você já praticou o tempo litúrgico, como ele te ensinou a abraçar a espera ou a desacelerar?

8. Que relacionamento você vê entre espera, esperança e celebração? Como você viu elas se inter-relacionando na sua vida?

9. A autora afirma: "Os cristãos são marcados não só pela paciência, mas também pelo anseio. Somos orientados pela nossa esperança futura, contudo, não tentamos escapar da nossa realidade presente". Como essa orientação ao futuro impacta sobre como você pensa sobre o seu trabalho, a sua vida e os relacionamentos num dia ordinário?

Práticas sugeridas

1. Observe a sua reação a momentos que você é forçado a ficar esperando nesta semana. Reflita sobre como a sua resposta revela a sua visão do tempo.

2. No meio de um momento de espera, pare e reflita em oração sobre como esse momento ilumina a nossa vida como "já e ainda não". Escreva sobre essa experiência e discuta com um amigo.

3. Descubra a estação litúrgica na qual você está e adote as práticas que honram e celebram essa estação. Leia e aprenda sobre o ano eclesiástico.

4. Da próxima vez que você estiver esperando (quer seja na fila, em um compromisso, no trânsito etc.), tente limitar as distrações. Deixe de lado o seu smartphone e qualquer trabalho enquanto espera. Simplesmente espere. Observe os seus pensamentos, as suas emoções e os seus arredores.

9
Ligando para uma amiga

Congregação e comunidade

Depois de jantar, lavar a louça e o árduo processo de colocar as crianças para dormir, tudo começa a se acalmar, e eu consigo ligar para a minha amiga Rebekka. Deixo um recado, um longo recado divagando sobre os altos e baixos da minha semana. Ela vai me ligar de volta, ser empática e falar sobre o seu dia. Ou ela vai compartilhar alguma decepção ou me dizer como a abertura do seu estúdio aconteceu.

Rebekka é o que Madeline L'Engle chamou de uma "amiga da minha destra".[71] Ela é o tipo de amiga, uma dentre poucos,

---

71   Madeleine L'Engle, *A Circle of Quiet* (Nova Iorque: Farrar, Strauss and Giroux, 1972), p. 26.

cuja vida se tornou tão ligada com a minha que eu não posso me explicar sem ela. Ela me conhece, o lado bom e o ruim. Nós compartilhamos uma paixão por beleza, manteiga e design urbano, e uma vulnerabilidade a salgadinhos e TV, que era o nosso programa juntas toda quarta à noite quando morávamos na mesma rua. Nós nos amamos.

Dois anos atrás, eu me mudei para outro estado e, para a nossa grande tristeza, tivemos de dizer adeus. Então, precisamos nos limitar às visitas. E, enquanto isso, ligamos uma para a outra, no nosso tempo vago, no nosso vai e vem.

As minhas ligações para a Rebekka se tornaram um tipo de confessionário, um lugar que eu vou para derramar as lutas, preocupações, fracassos e dúvidas, e para celebrar esperanças, alegrias e sucessos, para pedir oração ou como fazer um *bone broth* melhor.

Rebekka é uma artista profissional. Ela vê beleza em tudo, até em mim. A alegria que ela tem em mim me dá esperança de que ainda há nesta minha alma sombria e bagunçada uma amabilidade ardente que só Deus poderia ter posto ali e que ele está cultivando. Já faz anos que ela e eu, junto com outros amigos mais próximos, lutamos para conectarmos o evangelho com o vai e vem das nossas vidas diárias. Ela me ajuda a crer.

●

Eu gosto das partes do culto em que falamos uns com os outros. Na liturgia histórica, isso acontece mais com a leitura responsiva das Escrituras e as orações responsivas. Na minha igreja, toda semana nós lemos os Salmos responsivamente. Ao invés de só uma pessoa ler para todo mundo (uma boa prática por si só), nós lemos juntos, um de cada vez. Indo e vindo, nós partilhamos das mesmas frases sagradas. Quando nos ajuntamos em oração ou leitura responsivas, eu olho para os rostos na congregação: alguns encantados, alguns entediados, alguns doloridos, muitos cansados. Nós conseguimos passar por mais uma semana. Estamos sendo a igreja, falando palavras de vida uns para os outros, estando ali uns pelos outros. De novo.

Mas esse vai e vem não se direciona apenas para os outros. Em antífona, estamos falando com Deus juntos, orando consensualmente, usando até as mesmas palavras. Como a Rev. Côn. Mary Maggard Hays explica: "não estamos só conversando entre si quando recitamos os Salmos antifonicamente ou responsivamente. Estamos falando com Deus também. Lembrando uns aos outros e a Deus de suas promessas e nossas reclamações. Estamos testemunhando os clamores de ajuda uns dos outros e lembrando a Deus que estamos nisso juntos".[72]

Frequentemente, as tradições mais carismáticas e enérgicas têm um momento de "chamada e resposta", quando a congregação e o pregador interagem entre si, construindo um sermão juntos com "améns" e "aleluias".

Amizades cristãs são amizades de "chamada e resposta". Contamos uns aos outros, toda vez, indo e vindo, a verdade de quem nós e de quem Deus é. Em jantares e em caminhadas, fazendo sopa quando alguém está doente, e orando juntos no telefone, falamos das boas novas uns para os outros. E nos tornamos boas novas uns para os outros.

Minhas melhores amizades são com pessoas que estão dispostas a entrar nas trincheiras comigo, que me veem como eu sou e que me dizem da nossa esperança em Cristo em

---

72 Essa citação vem de uma conversa de e-mails entre a Rev. Côn. Mary Hays e eu em 2 de outubro de 2015. Eu estou profundamente grata pelas suas reflexões e pela sua sabedoria, por isso e por muitas outras coisas.

meio a isso. As vidas desses amigos se tornam um sermão para mim. Eu não estou dizendo que nos damos respostas prontas ou palestras motivacionais baratas. É difícil ter algo pior do que receber um sermão empacotadinho depois de termos expostos os nossos medos e vergonhas para alguém. Pelo contrário, nós expomos as experiências das nossas vidas à Palavra da verdade.

Os Salmos que falamos responsivamente entre nós a cada domingo não nos dão respostas fáceis. Eles correm por todo o espectro, desde o louvor triunfante até a mais profunda depressão. Eles nos deixam ser tão complexos quanto realmente somos. Amigos cristãos são assim também. Eles nos chamam e nos respondem quando dizemos: "Ó Senhor, Senhor nosso, quão magnífico em toda a terra é o teu nome!" (Sl 8.1) e quando dizemos: "Por que rejeitas, Senhor, a minha alma e ocultas de mim o rosto?" (Sl 88.14).

Minha amizade com a Rebekka se tornou, bem literalmente, uma amizade de "chamada e resposta".

Nós ligamos. Nós deixamos recado.

Nós ligamos de volta.

Nós respondemos.

Esse ritmo de "chamada e resposta" é o ritmo de uma boa amizade, de uma vida em comunhão, da comunidade dos santos.

●

Já faz alguns séculos que os evangélicos se concentram quase que exclusivamente no relacionamento pessoal com Deus, na conversão individual e no crescimento espiritual. Muitos sentem que a igreja (se é que ela é necessária) foi feita primariamente para servir as nossas necessidades espirituais individuais ou para nos agrupar como pessoas que pensam parecido, como se fosse um grêmio santo.

Se cremos que a igreja é meramente uma sociedade voluntária de pessoas com valores compartilhados, ela se torna inteiramente opcional. Se a igreja te ajuda com o seu relacionamento pessoal com Deus, ótimo; se não, eu conheço um ótimo restaurante com *brunch* que abre aos domingos.

Mas, embora um relacionamento individual com Jesus seja uma parte importante da vida cristã, ela não é a totalidade da vida cristã. O nosso relacionamento com Deus nunca é menor do que o nosso relacionamento íntimo com Cristo, mas ele sempre é mais do que isso. Os cristãos ao longo da história, quer sejam protestantes, católicos ou ortodoxos, confessam que é impossível ter um relacionamento com Cristo fora de um relacionamento vital com a igreja, o corpo e a noiva de Cristo. Nas suas *Institutas*, João Calvino cita o famoso dito de Cipriano (usando os termos de Paulo em Gálatas 4) de que "não se pode ter Deus por Pai quem não tem a Igreja por mãe".[73]

Quando confessamos no Credo Niceno que cremos na "igreja una, santa, católica e apostólica", estamos confessando que não podemos conhecer a Cristo por conta própria, ou meramente com uma panelinha de amigos. Pelo contrário, dependemos da igreja global e histórica que Cristo iniciou e construiu. Quando adoramos a Jesus, dependemos de milhões de cristãos ao longo de milhares de anos que Deus usou para dar

---

73 Cipriano, *On the Unity of the Church 6, Ante-Nicene Fathers* vol. 5, Alexander Roberts e James Donaldson (orgs.) (Peabody, MA: Hendrickson Publishers, p. 1994), 423; Calvino, *Institutas da religião cristã*, 4.1.1. Veja também Tish Harrison Warren, "The Church Is Your Mom," *Her.meneutics* (blog), 21 de maio 2015. Disponível em: <www.christianitytoday.com/women/2015/may/church-is -your-mom.html>.

testemunho de si mesmo. A única razão de conhecermos algo sobre Jesus é que os seus discípulos contaram a seus amigos, vizinhos e inimigos sobre ele, os apóstolos pregaram e escreveram seu ensino e histórias sobre ele; e crentes carregaram essa mensagem aonde quer que fossem, de geração em geração. A Bíblia chama esse processo de *paradosis*, a transmissão fiel do evangelho, um processo que sempre é corpóreo e que acontece no tempo real e com pessoas reais (1 Co 11.2; 2 Ts 2.15).

Meu relacionamento com a Rebekka não é só relacional: duas amigas que amam a Deus e uma à outra. Ele é institucional e está envolto por rituais. Ambas fomos batizadas. Ambas somos co-comungantes. Por cinco anos, Rebekka e eu participamos da Ceia juntas domingo a domingo.

Temos um relacionamento de "chamada e resposta" com todos os crentes ao redor do mundo e ao longo do tempo. De forma bela e misteriosa, a comunidade que Rebekka e eu compartilhamos não é só entre nós. É com a igreja toda.

Estamos nisso juntos.

Thomas, o pastor da igreja que Rebekka e eu costumávamos ir juntos, frequentemente dizia para imaginarmos a mesa da comunhão se estendendo por quilômetros, fazendo-nos lembrar que, quando participamos da Comunhão, estamos misteriosamente num banquete com todos aqueles que estão em Cristo.[74] Na Eucaristia, comungamos com Dorothy Day e Santo Agostinho, o apóstolo Paulo e Billy Graham, Flannery O'Connor e a minha vó. Um dia, todos estaremos no mesmo banquete, em carne, com o próprio Cristo.

---

74 O nosso ex-pastor, Thomas McKenzie, fala sobre isso no seu livro *The Anglican Way: A Guidebook* (Nashville: Colony Catherine, 2014), p. 202.

Tomara que Rebekka e eu fiquemos sentadas uma perto da outra e da manteiga.

●

Nós precisamos uma da outra profundamente. Estamos imersas na vida cristã juntas. Não há uma fé meramente privada. Tudo que somos e fazemos como indivíduos afeta a comunidade da igreja. Mas muitos crentes da minha geração não sabem ao certo para que é a igreja. Alguns denigrem a sua necessidade por completo. Produzimos uma fé centrada no *eu* que seria estranha para a maioria dos cristãos ao longo da história. Fizemos um falso evangelho com kits de comunhão "pré-pronta" individualizada. Um autor cristão popular pode escrever que "a maior parte dos líderes cristãos que eu conheço (e que não são pastores) não vão à igreja" e pode se referir à igreja como se fosse uma universidade da qual ele já "se formou".[75]

Mas se o cristianismo não trata somente da minha conexão individual com Deus, mas sim de Deus chamar, formar, salvar e redimir um povo, então a igreja nunca pode ser relegada a um *status* de "facultativa". Cristo não enviou o seu Espírito Santo só para indivíduos. Ele não queria apenas relacionamentos pessoais com os seus seguidores. As boas novas não são simplesmente que eu creio e assim vou conseguir chegar no céu, ou mesmo que eu posso crer e viver a minha vida junto com um bando de amigos cristãos.

---

75 Donald Miller, "Why I Don't Go to Church Very Often, a Follow Up Blog," *Storyline* (blog), acesso em 27 de outubro de 2015. Disponível em: <http://storylineblog.com/2014/02/05/why-i-dont-go-to-church-very-often-a-follow-up-blog>.

Jesus enviou o seu Espírito para um povo. A preservação da nossa fé e a perseverança dos santos não são uma promessa individual; mas sim uma promessa de que Deus irá redimir e preservar a sua igreja — um povo, uma comunidade, um organismo, uma instituição —, de geração em geração, e que até mesmo os portões do inferno não prevalecerão contra ela.

Michael Ramsey, arcebispo da Cantuária em meados do século vinte, escreveu: "não conhecemos a inteireza do Cristo encarnado a não ser que conheçamos a sua igreja, e a sua vida como parte da vida dele [...] O Corpo é a plenitude de Cristo, e a história da Igreja e as vidas dos santos são atos na biografia do Messias".[76] Não conhecemos esse Messias só pelas letras vermelhas nos textos dos evangelhos. Conhecemos a ele na sua plenitude, porque estamos unidos a ele no seu Corpo, a igreja. Nessa união, não perdemos a nossa individualidade ou as nossas histórias individuais de conversão e encontro com Cristo. Pelo contrário, as nossas historinhas estão envolvidas na história de todos os crentes ao longo do tempo, que, juntas, são parte da história eterna de Cristo.

●

Mas a noiva e o corpo de Cristo, que um dia será sem mácula e perfeita, ainda é suja e caída.

Há, é claro, o evidente fato da desunião institucional na igreja. Eu tenho outra "amiga da minha destra", a Faith. Ela

---

[76] Michael Ramsey, *Glory Descending: Michael Ramsey and His Writings*, Douglas Dales et al. (orgs.) (Grand Rapids: Eerdmans, 2005), p. 102.

estava no meu casamento e eu, no dela. Faith é católica e, embora amemos e respeitemos uma à outra profundamente, não tomamos a Comunhão juntas. Na nossa amizade, nós carregamos e lamentamos as fraturas no corpo de Cristo. E além da dura realidade da desunião institucional, muitos de nós carregam as cicatrizes de relacionamentos rompidos ou do pecado institucional na igreja.

Rebekka e eu encontramos marcas da Queda na nossa amizade. Nós nos ferimos. Precisamos ter umas conversas longas e difíceis. Ela foi graciosa o suficiente para se dispor a tê-las. Nós perdoamos uma à outra.

Tem outras vezes, porém, que as feridas que a igreja faz são mais profundas e complexas que conflitos entre indivíduos, mesmo esses já sendo bem dolorosos. O pecado na igreja pode ser traiçoeiro e sistêmico. Podemos ser feridos por um mau uso do poder ou uma patologia institucional aguerrida. Qualquer um de nós que já passou tempo o suficiente na igreja tem algumas cicatrizes para mostrar.

Uma vez fui profundamente ferida por alguém em posição de poder na minha igreja. De repente, um lugar que sempre foi um refúgio para mim se tornou um lugar de rejeição e condenação. A dor dessa ferida era muito aguda, quase física, um golpe que me tirou o ar. Fui tentada a deixar a igreja de vez. Eu sentia que, para onde quer que eu olhasse, para a direita ou para a esquerda, eu via disfunção eclesiástica e efeitos da Queda. Eu estava me tornando cínica e resguardada.

Mas para onde mais eu poderia ir? A igreja era onde eu ouvia o evangelho em comunidade, onde eu recebia nutrição na Palavra e no sacramento, onde eu toquei o corpo de Cristo, onde eu era moldada e formada como alguém amada por Deus. Então, nós retornamos à igreja, ainda que numa congregação diferente, depois de muita oração e conversa com amigos e mentores íntimos. Nosso novo pastor, que conhecia a nossa história e luta, nos chamava de "os feridos ambulantes".[77] Eu recebia a Palavra e o sacramento, frequentemente com lágrimas, em meio a pessoas em quem eu não sabia mais se podia confiar. Todavia, os crentes ao nosso redor nos amavam e oravam por nós. A própria igreja cuidava de nós e lenta e pacientemente nos curava. Irmãos e irmãs, nossos co-comungantes, nos encontravam na nossa dor, falavam palavras de vida e esperança para nós e nos desafiavam a confiarmos de novo.

Muitos de nós já sofremos bem mais do que eu nas mãos da igreja. A igreja ao longo da história foi a líder mundial em mostrar compaixão pelos pobres, sofredores e rejeitados deste mundo. Ela nos trouxe maravilhas da arquitetura, da medicina moderna, da arte e da educação superior. Contudo, a igreja também já foi um lugar de escândalo e violência — abuso infantil, guerras religiosas, racismo e preconceito —, todo tipo de mal. Flannery O'Connor já disse: "você precisa sofrer tanto nas mãos da igreja quanto em prol dela [...] A única coisa que torna a igreja permanente é que, de alguma forma, ela é o corpo de Cristo e, com base nisso, somos alimentados".[78]

Eu tenho a esperança no que a igreja um dia se tornará – que nós, a despeito de nosso pecado, fracasso e dor, um dia todos nos tornaremos belos e renovados. Contudo, nossa tarefa não é simplesmente se fechar no que a igreja será um dia, mas encarar o que ela é atualmente, de forma direta e

---

77 Referência à série americana "The Walking Dead" (lit., os mortos ambulantes), mas alterada para falar sobre os "feridos ambulantes" ("the walking wounded"). [N. T.]

78 Flannery O'Connor, *The Habit of Being: Letters of Flannery O'Connor*, Sally Fitzgerald (org.) (Nova Iorque: Farrar, Straus and Giroux, 1979), p. 90.

honesta, e buscar a Cristo em e por meio do corpo de Cristo. Ramsey nos desafia:

> Antes dos cristãos poderem dizer coisas sobre como a igreja deveria ser, sua primeira necessidade é dizer o que a igreja é, aqui e agora, em meio a suas falhas e aos questionamentos dos perplexos. Olhando para ela agora, com suas inconsistências e perversões e falta de perfeição, precisamos perguntar qual é o sentido real dela como está. À medida que o olhar se demora sobre ela, ele vê a Paixão de Jesus Cristo; mas o olhar da fé vê além: ele vê o poder do Deus Todo Poderoso.[79]

No pecado e nas falhas da igreja, nós vemos as trevas e a feiura pelas quais Cristo sofreu e morreu. Mas também vemos a espetacular esperança de que, em meio a pecadores, Deus trará a redenção, arrependimento e transformação. Nós olhamos em fraqueza, com olhos míopes, o poder de Deus.

E aqui está uma complicação adicional: a igreja não é uma entidade externa a mim. Eu não fico de fora olhando para dentro. Eu sou tão parte da igreja quanto (nas palavras de Paulo) uma mão é parte de um corpo. Isso significa que, quando vejo pecado na igreja, eu estou envolvido nele. Eu contribuo para a fragilidade na igreja. Eu feri a outros; fui infiel ao noivo. Todo líder e membro de igreja é, num sentido muito real, um fracasso. Mas aqui também vemos o poder de Deus, porque, neste corpo de Cristo, encontramos um lugar onde podemos ser gloriosa e devastadoramente humanos. Encontramos um lugar onde falhamos, arrependemos, crescemos, recebemos graça e

---

79 Ramsey, *Glory Descending*, p. 100.

somos renovados. Como uma família, mas mais próximos até mesmo do que uma família, aprendemos a viver juntos, fracos e humanos, na bondade e transformação de Deus.

●

Na fé cristã, é um princípio quase que filosófico de que o universal é conhecido por meio do particular; e o abstrato, por meio do concreto. Nós amamos as pessoas universalmente ao amarmos as pessoas particulares que conhecemos e sabemos o nome. Nós amamos o mundo amando um lugar peculiar nele: um riacho, colina, cidade ou bloco específicos. A encarnação de Jesus é o exemplo supremo desse princípio, quando aquele que "enche tudo em todos" se tornou um bebê singular num corpo tangível, num local particular no tempo.

É fácil para a igreja existir somente na nossa mente como um ideal abstrato. Eu posso falar de questões eclesiásticas, de eclesiologia, numa escala cósmica, em tom acadêmico ou exaltado, conjurando imagens vagas de santos em robes brancos. Mas o nosso amor pela igreja universal se desenvolve nos bancos duros de madeira (ou cadeiras de plásticos) da nossa congregação local particular. Uma congregação local, uma paróquia, é a nossa pequena entrada concreta na igreja universal. É a unidade básica da comunidade cristã e o lugar onde encontramos Deus na Palavra e no sacramento. O corpo de Cristo, antigo, global e católico, só é conhecido, amado e servido por meio da realidade crua do nosso contexto local.

E é aqui onde as coisas ficam mais difíceis e mais interessantes. Porque pessoas como a Rebekka se sentam perto de mim na igreja, pessoas que me conhecem, que me entendem, em quem eu confio e com quem eu rio quando nos reunimos num pequeno grupo para estudar a Escritura e comer um prato de macarrão. Mas tem outras pessoas ao meu redor nesses bancos, pessoas que eu acho irritantes ou estranhas, pessoas que mantêm veementemente certas opiniões políticas que considero suspeitas, pessoas com quem não tenho nada em comum além da nossa membresia compartilhada na comunidade dos santos. Alguns daqueles que pratico "chamada e resposta" a cada semana não seriam pessoas com quem eu gostaria de ir em uma longa viagem de carro.

O corpo de Cristo é composto por todos os tipos de pessoas, algumas que eu considero desagradáveis, arrogantes, hipócritas ou mal-direcionadas (acusações que, com certeza, outros já fizeram contra mim, e corretamente).

Desde o início, os relacionamentos na igreja foram arriscados. Pedro e Paulo foram duas visitas bem desagradáveis quando Paulo se opôs a Pedro publicamente, como nos é dito em Gálatas. Se eu estivesse lá, eu provavelmente teria mudado de assunto, oferecido a sobremesa e decidido não convidar Pedro e Paulo ao mesmo tempo para a mesma festa da próxima vez.

Somos atraídos por quem achamos amáveis e agradáveis. Contudo, aqueles a quem Jesus passou seu tempo — entre os que mais foram atraídos por ele — eram os estranhos, os desgrenhados, os rejeitados. Aqueles que estavam bem de vida não viam necessidade desse Salvador que revolucionava vidas. O povo de Deus são os perdedores, os que não se encaixam, os quebrantados. Isso é boas novas e é humilhante também.

Deus ama e se deleita nas pessoas sentadas ao meu redor na igreja e me desafia a encontrar beleza nelas. Amar o seu povo na terra é ver Cristo nelas, viver entre elas, receber a Palavra e sacramento juntos. Eu tenho histórias de encontrar outros congregantes que, à primeira vista, achei que nunca poderia gostar, mas que, com o tempo, se tornaram caros para o meu coração. Tem um idoso que ia para a mesma igreja que eu há alguns anos, um viúvo com cabelo preto partido no meio, sapatos polidos e um cheiro sutil de fumaça de cigarro e pomada Bengay. A primeira vez que ele me encontrou, ele disse algo ofensivo e aparentemente rabugento. Mas nós continuamos nos encontrando na igreja e, com o passar do tempo, eu vi como eles serviam a ele e ouvimos mais da sua história. Ele andava mancando e tinha dor crônica. Comecei a ver como ele sorria quando via uma criança pequena dançando no fundo na igreja. Comecei a gostar dele; talvez até, de vez em quando, a amá-lo. Ele mancava a cada semana pelo corredor da igreja para receber comunhão, um idoso quebrantado, com pontas não aparadas, às vezes até malicioso. Contudo, ele estava a caminho, mancando até a redenção.

Nós desenvolvemos a nossa fé com esses e outros homens e mulheres quebrantados ao nosso redor nos bancos da igreja. É desanimador. Pode ser entediante ou exigente. Muitas vezes é uma bagunça. Às vezes, é doloroso. Nós lembramos uns aos outros das boas novas. Todos os santos e pecadores na igreja compartilham juntos neste evangelho. A refeição seria incompleta se um deles não estivesse à mesa. Não seriam boas novas se mesmo um desses membros não estivesse presente. Como Lesslie Newbigin colocou: "nenhum de nós pode ser recomposto até que sejamos recompostos juntos".[80] Se é para sermos salvos, seremos salvos juntos.

---

80 Lesslie Newbigin, *The Household of God: Lectures on the Nature of the Church* (Eugene, OR: Wipf & Stock, 2008), p. 147.

Para deixar claro, Rebekka e eu não somos a igreja só nós duas. E os nossos relacionamentos com amigos mais próximos não são substitutos para a igreja. A igreja é um corpo eterno, um organismo internacional, uma instituição composta de toda tribo, língua e nação (Ap 7.9). Mas nós entramos nessa enorme realidade da igreja de Cristo por meio das pequenas realidades da nossa semana: quando eu vou na minha igreja em South Austin, participo da Comunhão, conheço aqueles perto de mim, conheço um novo visitante, encontro amigos cristãos para tomar café e vivo a vida dentre meus irmãos e irmãs.

Se Rebekka e eu nos amamos de verdade ou oramos uma pela outra, a nossa amizade será parte da obra e da missão do organismo mais amplo do corpo de Cristo. Quando celebramos o batismo das minhas filhas (Rebekka fez os cupcakes) ou vamos para o estudo bíblico do grupo pequeno, quando confessamos nossos pecados uns aos outros, comemos juntos ou tomamos a Eucaristia juntos, participamos na vida de uma comunidade cristã internacional antiga. Nós pertencemos uns ao outros e aos que estão do outro lado do globo.

E hoje, nos meus minutos livres, ao ligar para uma amiga numa quinta à noite, eu sou parte de uma história mais ampla, não só da história mais ampla da minha amizade com Rebekka, mas da história cósmica de Cristo redimindo a sua noiva. Rebekka e eu conversamos sobre as dificuldades nos nossos casamentos, decisões que nos preocupam ou um bom livro que lemos, e nessa pequena "chamada e resposta", vivemos a vida juntas dentre aqueles que são batizados, que estão na igreja, que pertencem a Cristo e, em Cristo, uns aos outros.

Perguntas para reflexão

1. A autora descreve a comunidade cristã dizendo: "falamos das boas novas uns para os outros. E nos tornamos boas novas uns para os outros". Como você experimentou isso na sua vida?

2. A sua igreja pratica a leitura responsiva ou alguma dinâmica de "chamada e resposta"? Se sim, como isso forma você e sua congregação?

3. A autora fala sobre como o evangelicalismo ocidental pode desvalorizar a igreja. Você concorda ou não? Por quê?

4. João Calvino cita o famoso ditado de Cipriano de que "não se pode ter Deus por Pai quem não tem a Igreja por mãe". Você concorda ou não? Por quê?

5. Como você acha que a amizade e as comunidades cristãs se diferenciam de outros tipos de comunidade?

6. Como você lida com o pecado e outras fraquezas na igreja?

7. Como Cristo te encontrou na e por meio da igreja?

8. Você já teve dificuldades para se enturmar na igreja? Se sim, como?

9. A autora cita Lesslie Newbigin, que disse: "nenhum de nós pode ser recomposto até que sejamos

recompostos juntos". Como essa realidade afeta a sua vida e o seu culto?

Práticas sugeridas

1. Ligue ou visite um amigo. Ore junto com ele e diga-lhe como Deus o usou na sua vida.
2. Vá à igreja nesta semana. Se você tem amigos ali, converse com eles para ver como estão as coisas. Se não, conheça novas pessoas, se possível.
3. Se você não conhece o seu pastor, se reúna com ele. Peça-lhe que te diga a visão e os compromissos da sua congregação local e como você pode fazer parte da vida da sua igreja. Ore pela sua igreja local, pelos seus líderes, pela sua denominação e pelo povo global de Deus.
4. Passe um tempo lendo, estudando e meditando em 1Coríntios 12.12-27.

10
Bebendo chá
Santuário e sabor

Por enquanto, estou ignorando as meias e os brinquedos espalhados pela minha sala de estar para sentar no meu sofá e beber chá. Eu pauso para observar e saborear o chá preto ondulando contra o branco brilhante da minha caneca favorita, os galhos encurvados das árvores no final do inverno do outro lado da janela, o calor do vapor do chá contra a minha face, a luz decrescente ainda se esticando em longos retângulos pelo chão.

Na nossa casa, momentos tranquilos assim são raros. A fim de aproveitá-los, tarefas, distrações e preocupações importunas precisam ser deixadas de lado deliberadamente.

Depois de Deus terminar cada ato criativo em Gênesis 1, ele declara que a sua criação é "boa" e nos dá liberdade para gozar da sua bondade. Não é por acaso que o salmista nos convida a provarmos e vermos que o Senhor é bom. Não só pensar ou confessar que o Senhor é bom, mas provar. O meu corpo, este chá e o tranquilo entardecer estão me ensinando a bondade de Deus por meio dos meus sentidos. Eu estou provando, ouvindo, sentindo, vendo e cheirando que Deus é bom.

O prazer é a nossa profunda resposta humana a um encontro com a beleza e a bondade. Nesses momentos de prazer — de alegria, deleite, deslumbramento e festa — respondemos impulsivamente a Deus com os nossos próprios corpos: "Sim, é verdade! A tua criação é muito boa".

Eu amo chá quente. E café também, especialmente gelado no verão. E banhos de banheira com um bom livro. E barulho de chuva no teto. E guacamole caseiro. Amo fazer caminhadas de tarde, logo antes do sol se pôr, quando tudo está tranquilo. Observo a paisagem mudar com as estações. Os meus pensamentos se revezam entre uma grande questão da vida, um gato na janela, uma conversa difícil da semana anterior e a cor da casa do vizinho. Às vezes, durante as melhores caminhadas, eu nem noto sobre o que estou pensando. Só caminho e chego em casa mais tranquila.

Jonathan relaxa com música, às vezes Haydn e outras vezes com *DC hardcore* dos anos oitenta, ambos com seu próprio tipo de beleza e prazer. Nós dois gostamos de assistir à TV ou a um filme juntos nas noites de sexta. Ele prefere shows apocalípticos sobre zumbis matando todo mundo, e eu gosto de ver pessoas bonitas conversando, mas a gente dá um jeito.

Misteriosa e maravilhosamente, Deus se alegra ainda mais do que nós com a leve amargura do chá, sentir a luz do sol na pele, um abacate maduro, um *lick* de guitarra perfeito ou uma boa reviravolta no enredo. Em *Cartas de um diabo a seu aprendiz*, o demônio sênior Maldanado repreende o seu subordinado por permitir ao seu paciente a menor experiência de prazer: uma caminhada num lugar bonito, chá ou um bom livro que ele gostou "não para fazer observações inteligentes sobre ele aos seus novos amigos, mas por puro prazer". Tanto o prazer quanto a dor, diz Maldanado, "são indubitavelmente reais, e, por isso, [...] dão aos homens que os sentem uma pedra de toque da realidade".[81] Ele diabolicamente adverte que as pessoas não deveriam ser permitidas a ter qualquer tipo de "preferência pessoal forte [...] mesmo se isso for por algo bem trivial como gosto pelo jogo de críquete, ou colecionar selos, ou tomar chocolate quente". Embora pequenas práticas de prazer pareçam triviais, o demônio vê nelas "um tipo de inocência, humildade e esquecimento de si mesmo".[82]

•

O relacionamento da nossa cultura com o prazer é complexo. Por um lado, parecemos ser obcecados com o prazer. Nós exageramos e comemos demais. Somos viciados em entretenimento e sobrecarregados de pornografia, gratificação sexual

---

81 C. S. Lewis, *The Screwtape Letters* (Nova Iorque: HarperCollins, 2001), p. 64 [Edição em português: *Cartas de um diabo a seu aprendiz*. Trad. Gabriele Greggersen. 1ª ed. Rio de Janeiro: Thomas Nelson Brasil, 2017, p. 75].
82 *Ibid.*, p. 66 [77].

e violência, dentro e fora das telas. Ironicamente, a ganância e o consumismo calejam a nossa capacidade para o deleite. Quanto mais nos entregamos aos prazeres, menos prazeres encontramos. Somos cínicos hedonistas e estoicos glutões. Na nossa sociedade consumista, gastamos energia e dinheiro infindáveis buscando o prazer, mas nunca nos saciamos.

O pragmatismo, outra poderosa força cultural, pode macular o nosso desejo por beleza e alegria. Nós não construímos estacionamentos por seu apelo estético, é só porque precisamos de um lugar para colocar os nossos carros. O *workaholism* e a conectividade online constante militam contra a nossa capacidade de nos fazer presentes no prazer do momento.

A igreja tem uma reputação de ser antiprazer. Muitos caracterizam cristãos em geral da forma como H. L. Mencken descreveu erroneamente os puritanos: são pessoas "que morrem de medo de que alguém, em algum lugar, possa estar sendo feliz".[83]

Na realidade, a igreja tem sido pioneira na arte da alegria e do prazer. O estudioso do Novo Testamento, Ben Witherington, destaca que foi a igreja, não o Starbucks, que criou a cultura do café.[84] O café foi inventado pelos monges etíopes. O termo *cappuccino* se refere ao tom de marrom usado para os hábitos dos monges capuchinos da Itália. O café nasce da extravagância, de um Deus extravagante que fez um povo extravagante, que fez toda uma arte a partir dos prazeres de grãos tostados e leite espumado.

---

83 H. L. Mencken, *A Mencken Chrestomathy: His Own Selection of His Choicest Writing* (Nova Iorque: Alfred A. Knopf, 1949), p. 624.
84 Ben Witherington III, *Work: A Kingdom Perspective on Labor* (Grand Rapids: Eerdmans, 2011), p. 111.

Uma cultura formada pelo evangelho irá honrar alegria, festa e formosura que sejam boas e corretas. O culto e a comunidade cristãos nos deixaram um legado de beleza: as pinturas de Rembrandt, os poemas de Gerard Manley Hopkins, a música de Bach e do U2, basílicas, iconografias, bolo-rei, a Guinness, cerveja artesanal e a lista poderia continuar indefinidamente. Até os puritanos, desprezados por Mencken, parecem bastiões do prazer comparados aos estressados americanos modernos que trabalham demais. As comunidades puritanas separavam um dia todo mês para uma recreação comunitária. Era um dia de brincadeira e lazer, uma festa para a cidade toda.[85] A despeito do estereótipo, os puritanos eram grandes defensores de celebrar os prazeres do sexo dentro do casamento, até mesmo para as mulheres.[86]

> *O café nasce da extravagância, de um Deus extravagante que fez um povo extravagante, que fez toda uma arte a partir dos prazeres de grãos tostados e leite espumado.*

Quando nos alegramos com a criação de Deus, nós refletimos o próprio Deus. Deus não pronuncia a criação como "boa" como se fosse um estóico, como um gerente desinteressado dando um "O.k." numa lista de controle de qualidade para que ele possa ir embora mais cedo. Deus se alegra com a acústica perfeita das ondas do oceano, se inebria com a sutil

---

85   Francis Bremer, *Puritanism: A Very Short Introduction* (Nova Iorque: Oxford University Press, 2009), p. 57-58.
86   *Ibid.*, p. 52-53.

intensidade do chocolate amargo e se gloria em ovos de coelhos e o pupilar do pavão.

G.K. Chesterton via em Deus um deslumbramento infantil. As crianças nunca se cansam de beleza e prazer. Elas abraçam a alegria livremente. Elas não se sentem culpadas quando gastam tempo para procurar penas, inventar um jogo ou saborear um doce. Chesterton imagina que Deus se delicia com o prazer da sua criação como uma criança entusiasmada:

> As crianças têm uma vitalidade abundante, são impetuosas e livres de espírito, e portanto querem as coisas repetidas e inalteradas. Elas sempre dizem "Faz de novo"; e o adulto faz de novo até ficar quase morto. Os adultos não são suficientemente fortes para exultarem na monotonia. Mas talvez Deus seja suficientemente forte para exultar na monotonia. É possível que Deus diga ao sol todas as manhãs: "Faz de novo", e diga à lua todas as noites: "Faz de novo". Pode ser que não seja uma necessidade automática que faz todas as margaridas iguais; pode ser que Deus faça cada margarida separadamente, mas não se canse de criar cada uma delas em particular. Pode ser que ele tenha um eterno apetite de infância; pois nós pecamos e envelhecemos, e nosso Pai é mais jovem do que nós.[87]

Nós pecamos e envelhecemos. Ficamos calejados para as maravilhas ao nosso redor. Embora pareça contraintuitivo, a alegria exige esforço. Por toda a nossa vida, precisamos reaprender a abandonar a folia e a diversão.

---

87   G. K. Chesterton, *Orthodoxy* (Nova Iorque: John Lane Co., 1909), p. 109 [Edição utilizada: Chesterton, G. K.. *Ortodoxia*. Trad. Almiro Pisetta. São Paulo: Mundo Cristão, 2008, p. 99-101].

Por toda a história cristã, o culto cristão tem sido uma experiência profundamente sensorial, um campo de treinamento para o prazer e a alegria.

Os cristãos são um povo cantante. Desde antigos monges cantando os salmos até à hinódia wesleyana, a música sempre se tornou uma forma da igreja aprimorar a sua teologia e prática com arte e beleza. A cada domingo, em cada canto da terra, você pode ver cristãos cantando. De canto gregoriano até *spirituals* afro-americanos, passando por bandas acústicas de louvor, canto siríaco e o *kwaya* do leste africano, ouvimos a música ecoando de cada comunidade congregada de cristãos.[88]

No seu melhor, a arquitetura da igreja acentua a beleza da luz e da sombra, do espaço e da forma. Isso não quer dizer que todo templo seja do mesmo jeito. Eu já fui em culto num refeitório de escola, numa cabana com forro de palha, numa catedral de pedra com abóbadas altaneiras e em uma pequena igreja de interior; e, em cada lugar, os adoradores buscaram intencionalmente deixar o seu espaço bonito, sabendo que Deus é digno de ser adorado em e por meio da beleza.

Espie num espaço de culto e você vai ver incenso, flores, vestimentas de um branco bem claro, danças, velas, bandeiras ou obras de arte e de música. Glória. Nós provamos, nós cheiramos, nós ouvimos, nós vemos, nós sentimos. Nossos sentidos tomam vida no culto.

Na minha igreja, antes de qualquer um falar qualquer coisa, o templo já sussurra uma história. Vemos um desfile de cores mudando de acordo com as estações: roxo, depois

---

[88] Agradeço a Monique Ingalls por conversar comigo, no processo de escrita deste capítulo, sobre formas de louvor musical não ocidentais e da função catequética da música ao longo da história da igreja.

branco, depois verde, às vezes vermelho. O recinto fica cheio de velas. As velas do evangelho e das epístolas sempre ficam acesas juntas, simbolizando a unidade das Escrituras e uma vela alta e branca, chamada de vela de Cristo, que se avoluma no centro. Há algumas estações em que o templo fica decorado e ornamentado e outras estações em que ele está varrido e simples. Há uma fonte cheia de água e uma mesa envolta com lençóis. Tem um cálice e um prato.

Esses símbolos e essa estética recontam silenciosamente a história da vida de Cristo e ensinam teologia. Na maior parte da história, a maioria dos crentes não podia ler; então a liturgia cristã intencionalmente lhes ensinava o evangelho de formas pré-letradas. Mas mesmo hoje, cada um de nós, quer na primeira série quer como professores de física, ainda aprendemos o evangelho de formas pré-letradas. Nós o absorvemos. Nós aprendemos o que cremos, como diz James K. A. Smith, "do corpo para a cabeça, e não da cabeça para o corpo".[89] Precisamos provar e ver que Deus é bom se é para realmente acreditarmos nisso.

A liturgia cristã nos treina a reconhecer e responder à beleza. Nós aprendemos a abraçar os prazeres de ser humano e da cultura humana. Nossa sede inata dada por Deus por alegria e formosura é direcionada para o único que pode saciá-la, o próprio Deus, que fomos feitos para gozar eternamente.

Isso muda de cultura para cultura. Numa igreja remota do leste africano, eu levei o cálice aos meus lábios e fiquei surpresa de ver que, ao invés de vinho, provei uma coca-cola. O vinho era difícil de chegar onde estávamos, e o suco de uva era inexistente.

---

89   James K. A. Smith, *Desejando o reino: culto, cosmovisão e formação cultural*. Trad. A. G. Mendes. São Paulo: Vida Nova, 2018, p. 25.

A coca era a bebida da extravagância. Um missionário me disse que, na manhã de natal, as crianças ganham dois presentes: carne e coca-cola. A coca era usada nesse culto, porque esses crentes queriam que usássemos do bom e do melhor. E de fato, naquele domingo, era um prazer de luxo. Cristo estava entre nós e, mesmo em meio à pobreza, o culto era abundante.

O local onde prestamos culto se chama santuário, do latim *sanctuarium*, derivado de *sanctus* ou "santo". A palavra *santuário* se refere a um lugar sagrado, mas, porque as igrejas outrora eram lugares de asilo jurídico, o termo passou a significar um lugar de abrigo, um porto seguro ou um refúgio.

Na minha vida diária, encontro momentos de santuário, momentos em que o deslumbramento corre ao meu lado e me dá um empurrãozinho. Lembro quão bem eu sou cuidada. Este tranquilo momento com minha xícara de chá é um momento de santuário em todos os sentidos, um porto seguro de beleza e um lugar de culto. A fumaça aquece o meu rosto como incenso.

Em *Cartas a Malcolm*, C.S. Lewis dedica uma linda carta à questão do prazer. O seu conselho é: comece onde está. Ele escreve que antes ele pensava que tinha de começar "por citar aquilo em que cremos a respeito da bondade e da grandeza de Deus, por pensar sobre a criação e a redenção e 'todas as bênçãos desta vida'".[90] Pelo contrário, diz ele, deveríamos começar com os prazeres à mão. Para o autor, era uma caminhada perto de

---

90 C. S. Lewis, *Letters to Malcolm: Chiefly on Prayer* (Nova Iorque: Harcourt, 2002), p. 88. [Edição em português: *Cartas a Malcolm*. Trad. Francisco Nunes. Rio de Janeiro: Thomas Nelson, 2019, p. 128]

um riacho; para mim, neste momento, é a maravilha da água quente e das folhas desidratadas.

A maioria de nós ama esses momentos no nosso dia a um nível visceral. Nós sabemos intuitivamente que bondade e beleza estão conectadas com o divino, que "toda boa dádiva e todo dom perfeito são lá do alto, descendo do Pai das luzes" (Tg 1.17). Nós não somos fundamentalistas extremamente ascéticos tentando tampar alegria ou prazer onde quer que for encontrada. Nós naturalmente saudamos esses momentos com gratidão. Porém, mais do que isso, nós respondemos com adoração. Não só somos gratos pelo prazer; os nossos corações se perguntam qual tipo de Criador faria um mundo que transbordaria com tanta amabilidade e beleza. Como Lewis diz, "a mente remonta do raio de sol ao próprio sol".[91]

Contudo, é tanta coisa que milita contra esses pequenos momentos de glória no nosso dia. Para mim, a ansiedade e as preocupações irritantes estão sempre mudando no pano de fundo, me roubando a capacidade de simplesmente respirar. Tenho de aprender a me render, a desistir da minha frágil ilusão de controle e relaxar entregue à beleza.

Como pessoas ocupadas, pragmáticas, apressadas e distraídas, desenvolvemos hábitos de desatenção e perdemos as minúsculas teofanias do nosso dia. Mas, se estivéssemos completamente vivos e inteiros, nenhum prazer seria ordinário ou comum demais para levar à adoração.[92]

Preciso aprender os hábitos de adoração intencionalmente, sair da minha cabeça e parar para notar as cores nos olhos da minha filha ou o som da chuva na nossa varanda. Parte de

---

91   *Ibid.*, p. 89-90
92   *Ibid.*

mim, o Superintendente Geral do meu cérebro, pode se sentir culpada pelos momentos em que eu desacelero para usufruir da beleza ao meu redor. Chá e uma hora vazia podem parecer frívolos ou um desperdício. Eu me sinto culpada por não fazer algo mais importante com o meu tempo, como lavar a roupa, organizar as contas domésticas, encontrar os meus vizinhos, trabalhar, me voluntariar para algo ou servir aos pobres.

É claro, essas coisas são importantes de fazer e formas boas e necessárias de usar o tempo. Mas é preciso força para usufruir do mundo, e precisamos exercitar um tipo de músculo para celebrar e nos alegrar. Se negligenciamos o exercício desse músculo, se nunca saboreamos uma tarde lenta, se sempre precisamos estar limpando a frigideira ou nos voluntariando para fazer algo na igreja ou aumentando nossas horas de trabalho, vamos nos esquecer de notar a beleza e perder a realidade inegável da bondade que o prazer nos treina para ver. Precisamos assumir a prática, o privilégio e a responsabilidade de notar, saborear, aproveitar, para que — usando a frase de Annie Dillard — "a criação não precise tocar para uma plateia vazia".[93]

Alguns anos atrás, poucos meses antes do nascimento da minha primeira filha, eu estava completamente exausta. Parecia que a minha vida e o meu corpo eram a propriedade de uma ditadorazinha minúscula e adorável. Tinha sido um ano de transições e, além de uma nova maternidade, havia muitas reviravoltas e tribulações na minha vida.

---

93 Annie Dillard *et al.*, "The Meaning of Life, The Big Picture," *Life Magazine*, dezembro de 1988. Disponível em: <www.maryellenmark.com/text/magazines/life/905W -000-037.html>. Agradeço a Marcia Bosscher por essa referência.

Durante esse período, eu me reuni com o meu sábio amigo e mentor, o padre Kenny. Reclamei com ele que eu não sabia do que abrir mão na quaresma. Eu me sentia sobrecarregada. Ele me disse: "você não precisa abrir mão de nada. Toda a sua vida é uma quaresma neste exato momento". Ele me disse para retomar a prática do prazer, a intencionalmente abraçar a alegria como uma disciplina.[94]

Então, na quaresma daquele ano, eu ia na minha cafeteria favorita uma vez por semana e aproveitava um *vanilla steamer* e um romance. Era uma disciplina, é claro, em que exigia compromisso e organização das coisas do bebê e deixar o trabalho de lado, mas não era abnegação.

O rigor da maternidade, do ministério e de simplesmente ser adulta num mundo caído tinha me drenado. Eu estava crua, irritável, subnutrida e no limite. Dar espaço a uma hora de pura diversão começou a encher o meu vazio com um tipo de alegria mais densa. Eu li *The Book of Sorrows* [O livro das angústias], de Walter Wangerin, o romance perfeito para a quaresma.[95] Eu acabei de ler na época da páscoa, numa viagem de família. Enquanto lia sobre o herói, a Vaca Dun, dando de mamar a um coiote faminto e temeroso, eu me vi de joelhos, soluçando. Deus me confortou poderosamente por meio dessa cena, me falando do seu amor, provisão e cuidado por mim. Deus me encontrou — me destruiu, na verdade — por meio daquele romance de uma forma que eu só posso descrever como mística. Mas eu não tinha

---

94   Essa história aparece em Tish Harrison Warren, "Giving Up and Taking Up: What We Do (and Don't Do) When We Keep Lent," *The Well* (blog), 12 de fevereiro de 2013 . Disponível em: <https://thewell.intervarsity.org/spiritual-formation/giving-and-taking-what-we-do-and-dont-do-when-we-keep-lent>.
95   Walter Wangerin, *The Book of Sorrows* (Grand Rapids: Zondervan, 1985), p. 303-4.

ideia do que aconteceria quando iniciei a disciplina do prazer. Uma das experiências mais intensas de cura na minha vida veio como uma supresa completa depois de eu simplesmente ter dado espaço a aproveitar algo só por aproveitar.

○

O prazer é uma dádiva, mas pode virar um ídolo. Nós exageramos e nos viciamos. O que antes era um presente, torna-se uma armadilha. Carolyn Arends explora as ideias de Lewis sobre prazer num ensaio sobre o seu amor por *chile con queso*, dizendo:

> A satisfação que sentimos ao receber um prazer-necessidade, água para saciar a sede, por exemplo, ou se coçar, é intenso, mas de curto prazo. Mas com prazeres-apreciação, coisas não essenciais que nos acordam para o deleite, como cheiros e gostos deliciosos e cenas belas, a sensação se intensifica com o tempo. A ganância, o clamor repetitivo por um bis, digamos, de um rico café preto ou de um queijo extra cremoso, pode transformar um prazer de apreciação em um prazer de necessidade, drenando-o de toda sua satisfação mais duradoura.[96]

O clamor por um bis, a demanda de mais e mais e mais ainda, pode tornar um prazer saudável num vício. Nós nos tornamos insaciáveis. Nossa capacidade de usufruir de algo se diminui na medida em que se torna um falso deus. Somente

---

96   Carolyn Arends, "Worship con Queso," *Christianity Today*, 29 de agosto de 2013 . Disponível em: <www.christianitytoday.com/ct/2013/september/worship-con-queso.html>.

Deus pode ser tanto adorado quanto usufruído. Todas as outras coisas foram feitas para serem usufruídas no seu lugar próprio, na medida em que fluem do Deus que merece toda a adoração. Arends resume: "A resposta, Lewis defende, não é evitar o prazer, mas 'tê-lo' e 'lê-lo' apropriadamente: recebê-lo, de mãos abertas, tanto como dádiva quanto como mensagem".[97]

> *Há um relacionamento simbiótico, um* **cross training***, por assim dizer, entre os prazeres que encontramos no culto congregacional e os da minha xícara de chá ou num cobertor quentinho ou no cheiro de pão sendo assado.*

Esse tipo de alegria necessita de discernimento. Pode ser uma dádiva se empacotar num cobertor e me perder num show de TV, mas também podemos "morrer de rir".[98] O meu prazer no vinho, no chá ou no exercício físico é bom em si mesmo, mas ele pode se tornar desordenado. À medida que aprendemos a praticar o prazer, também precisamos aprender a arte do discernimento, como usufruir corretamente, "ter" e "ler" o prazer bem.

Há um relacionamento simbiótico, um *cross training*, por assim dizer, entre os prazeres que encontramos no culto congregacional e os da minha xícara de chá ou num cobertor quentinho ou no cheiro de pão sendo assado. Lewis lembra que "É preciso aprender a caminhar antes de poder correr [...] [Nós] não poderemos adorar a Deus nas ocasiões mais

---

97 Ibid.
98 Neil Postman, *Amusing Ourselves to Death: Public Discourse in the Age of Show Business* (Nova Iorque: Penguin, 1985) [No original, a autora faz um trocadilho com o título deste livro — N. T.].

elevadas se não tivermos aprendido o hábito de fazê-lo nas mais comezinhas. Na melhor das hipóteses, nossa fé e nossa razão nos dirão que ele é adorável, mas não o teremos *encontrado*, nem 'provado e visto'".[99]

Esses pequeninos momentos de beleza nos nossos dias nos treinam nos hábitos de adoração e discernimento. E o prazer e a formosura do nosso culto congregacional nos ensinam a procurar e receber esses pequenos momentos nos nossos dias. Juntos, eles nos treinam na arte de notar e de se alegrar com a bondade e a arte de Deus.

Algumas semanas atrás, enquanto eu ia caminhando para o trabalho, estando numa esquina perto de uma loja de pneus e peças de carro, esperando para cruzar a rua, ouvi subitamente alguns sinos de igreja começarem a tocar, altos e longos. Eu congelei, arrepiada. Eles eram belos, um momento de transcendência bem no meio dessa rua encardida. A glória estava bem do lado do desconto em pneus e peças de carro.

O culto litúrgico anglicano tem sido chamado de, às vezes jocosamente, "cheiros e sinos"[100] por causa da maneira sensorial com que os cristãos têm adorado historicamente. Cheiros, o doce e pungente cheiro do incenso, e sinos, como os que ouvi no meu bairro, que tocaram numa igreja católica.

---

99   Lewis, *Letters to Malcolm*, p. 91 [Edição em português: *Cartas a Malcolm*. Trad. Francisco Nunes. Rio de Janeiro: Thomas Nelson, 2019, p. 132].
100 Expressão comum no mundo anglófano para se referir à liturgia elaborada de igrejas anglocatólicas, com seus "sinos" no momento da eucaristia e seus "cheiros" por causa do incenso. [N. T.]

Na minha igreja, nós tocamos os sinos durante a celebração da Eucaristia. O acólito (a pessoa, frequentemente uma criança, assistindo o ministro) toca os sinos enquanto o nosso pastor prepara a refeição de comunhão. Não há nada de mágico com esses sinos; nada de supersticioso. Eles são só sinos. Nós os tocamos na liturgia eucarística como uma forma de dizer: "Preste atenção". Eles são um alarme para despertar a congregação, para nos cutucar até prestarmos atenção, nos dizendo para tomarmos nota, nos sentarmos, nos inclinarmos para frente e notarmos Cristo em nosso meio. Precisamos desse tipo de beleza corpórea, cheiros e sinos, no nosso culto congregacional e precisamos deles no nosso dia ordinário para nos lembrar de tomar nota de Cristo bem onde estamos. Dostoiévski escreveu que "a beleza salvará o mundo".[101] Isso pode parecer só uma hipérbole. Mas, à medida que a nossa cultura cada vez mais rejeita a ideia e linguagem da verdade, o papel da igreja como arauto da beleza é um poderoso testemunho para o Deus de toda beleza. Czesław Miłosz escreveu no seu poema "One More Day" [Mais um dia]:

> Ainda que o bem seja fraco, a beleza é muito forte [...]
> E quando as pessoas deixam de acreditar que bem e mal existem
> Somente a beleza os alcançará e os salvará
> De forma que eles ainda saibam como dizer: isto é verdadeiro e aquilo é falso.[102]

---

101 Dostoiévski coloca essa frase na boca do seu protagonista, o príncipe Myshkin em *The Idiot*. . Fiódor Dostoiévski, *The Idiot*, trans. Frederick Wishaw (Londres: Vizetelly & Co., 1887), p. 257.
102 Czesław Miłosz, "One More Day," in *The Collected Poems, 1931–1987* (Nova Iorque: Ecco Press, 1998), p. 407.

Sermos curadores da beleza, do prazer e do deleite é, portanto, uma parte intrínseca da nossa missão, uma missão que reconhece a realidade de que a verdade é bela. Esses momentos de amabilidade, um bom chá, árvores despidas e sombras suaves, são sinos de igreja. Na minha miopia, eles me cutucam para que eu preste atenção e me lembram de que Cristo está em nosso meio. Ele é a música da verdade, cantada por seu povo ao redor do mundo, ecoando na minha rua ordinária, derramando até a minha sala de estar.

Perguntas para reflexão

1. Quais são algumas maneiras que você pode experimentar prazer, deleite, beleza e arte?

2. Como você tem visto o caráter de Deus por meio do prazer, deleite, beleza e arte?

3. Alegrar-se no prazer e na beleza é fácil ou difícil para você? Por quê?

4. A autora escreve que, para abraçar o prazer, é preciso *intencionalidade* e *prática*. Você concorda ou não? Por quê?

5. Quais são algumas formas que te tornaram intencional sobre dar espaço e tempo para beleza, alegria ou deleite?

6. Como você experimenta prazeres sensíveis ou beleza no culto? Como isso molda você e a sua adoração?

7. Você já viu um "prazer de apreciação" se transformando num "prazer de necessidade"? Como isso afeta a você e a sua adoração?

8. Quais são algumas maneiras que podemos praticar tanto discernimento quanto deleite?

9. Como adorar por meio dos seus sentidos influencia o seu relacionamento com o prazer e a beleza?

10. Como você acha que a beleza é parte da missão da igreja?

Práticas sugeridas

1. Separe intencionalmente um tempo nesta semana para fazer algo que você acha amável, prazeroso ou agradável.

2. Prove, cheire ou olhe para algo prazeroso e belo. Escreva sobre isso ou discuta essa experiência de beleza e como ela te orienta e te molda.

3. Observe os seus sentidos na igreja. O que você vê, cheira, prova, ouve e sente? Como isso te guia no culto e na adoração?

11

Dormindo

Sábado, descanso e a obra de Deus

Uma recente pesquisa de larga escala no Reino Unido revelou que as crianças aprendem a descansar da mesma forma que elas aprendem a andar, correr e conversar.[103] Descanso exige treino. Precisamos de um ritual e de uma rotina para aprender a cair no sono. Um tempo regular de ir para a cama, luminosidade reduzida, um horário para tomar banho, um horário para ouvir a leitura de um livro, um horário para ninar, permitem

---

[103] "Why a Regular Bedtime Is Important for Children," *Morning Edition*, KUT Austin Public Radio, 16 de dezembro 2013. Disponível em: <http://www.npr.org/2013/12/16/251462015/why-a-regular-bedtime-is-important-for-children>.

que os seus cérebros moldem um padrão, um caminho bioquímico para o descanso. Sem um ritual e uma rotina, eles se tornam hiperativos e frequentemente exibem problemas comportamentais. Os adultos não são muito diferentes. Eu, com certeza, não sou.

Se o descanso se aprende por meio de hábito e repetição, a falta de descanso também. Esses hábitos de descanso ou de privação dele nos formam com o tempo.

Há uma profunda conexão entre o sono que temos na nossa cama todas as noites e o descanso sacramental que conhecemos todos os domingos no nosso culto congregacional. Tanto o culto congregacional quanto os nossos hábitos de sono confessam os nossos amores, as nossas confianças e os nossos limites. Ambos envolvem disciplina e ritual. Ambos exigem que deixemos de confiar nos nossos próprios esforços e atividades e dependamos de Deus para a sua suficiência. Ambos expõem a nossa vulnerabilidade. Ambos nos restauram.

A liturgia da minha noite — trancar as portas, escovar os dentes, beber um copo de água, arrumar a cama, deitar na cama, se cobrir, fechar os olhos — é algo repetitivo, comum e bom, que me ensina a desacelerar, deixar o dia que já passou e ir dormir. Semelhantemente, o culto congregacional nos treina, com o passar do tempo, a deixar de lutar para ter as coisas do nosso jeito e de conquistar a nossa justiça para, ao invés disso, receber os meios de graça de Deus.

●

Nossos hábitos de sono tanto revelam quanto moldam os nossos amores. Um indicador decente do que amamos é se voluntariamente sacrificamos sono por aquilo. Eu amo as minhas filhas, então sacrifico meu sono por elas (bem frequentemente); eu nino a bebê ou conforto a mais velha depois de um pesadelo. Eu amo o meu marido e os meus amigos mais íntimos, então fico acordada até mais tarde para manter uma boa conversa por mais tempo. Ou acordo cedo para orar ou levar um amigo para o aeroporto.

Mas a minha disposição de sacrificar o sono também revela amores menos nobres. Fico acordada mais tempo do que deveria, sonolenta, enrolada no sofá, navegando aleatoriamente na Internet, assistindo a vídeos fofos de cachorrinhos. Ou fico acordada tentando apertar mais atividades no meu dia, enchendo-o de tanta produtividade quanto possível. Meu sono desorganizado revela amores desordenados, ídolos de entretenimento ou de produtividade.

Minha disposição de sacrificar o descanso necessário e de priorizar o lazer ou o trabalho mais do que as necessidades básicas do meu corpo e das pessoas ao meu redor (com quem tenho bem menos paciência depois de uma noite mal dormida) revela que essas coisas boas — entretenimento e trabalho — tomaram um lugar elevado na minha vida. No decorrer da minha vida cotidiana, o arrependimento pela idolatria pode se manifestar em coisas tão prosaicas quanto sair do meu e-mail uma hora antes ou resistir àquele *clickbait* tentador e ir para a cama.

A verdade é que é bem mais fácil eu perder horas de sono para o entretenimento do que para orar. Quando eu ligo o Netflix tarde da noite, não penso conscientemente: "eu valorizo este episódio de *Friends* mais do que a minha família, a minha vida de oração e o meu corpo". Mas os meus hábitos revelam e moldam o que eu amo e o que eu valorizo, quer eu admita ou não.

> *No decorrer da minha vida cotidiana, o arrependimento pela idolatria pode se manifestar em coisas tão prosaicas quanto sair do meu e-mail uma hora antes ou resistir àquele* clickbait *tentador e ir para a cama.*

Os hábitos de sono também revelam e moldam o que confiamos. Ficamos acordados preocupados com o nosso emprego, nossa saúde ou com as pessoas que amamos. As horas da madrugada nos presenteiam com nossos problemas e nossa incapacidade de resolvê-los. O que confiamos, quando deitados na nossa cama no final de um dia longo, é onde os nossos corações estão de verdade.

O salmista declara: "Se o Senhor não edificar a casa, em vão trabalham os que a edificam; se o Senhor não guardar a cidade, em vão vigia a sentinela. Inútil vos será levantar de madrugada, repousar tarde, comer o pão que penosamente granjeastes; aos seus amados ele o dá enquanto dormem" (Sl 127.1-2). É Deus quem vigia sobre a nossa cidade e que determina a nossa segurança, no final das contas. Deus nos chama de amados e é fiel para prover e proteger o seu povo, a fim de que possamos saborear o seu bom presente do descanso.

No *Livro de Oração Comum*, os anglicanos têm quatro horários de oração diária: de manhã, ao meio-dia, no fim da tarde (conhecidas como vésperas) e à noite. Das quatro, as minhas favoritas são as da noite, chamadas de Completas. As orações são tranquilas e consoladoras. Parecem um convite a falar sussurrando. "Guia-nos, Senhor, quando acordados, e guarda-nos enquanto dormimos. Que acordados vigiemos com Cristo e, adormecidos, descansemos em paz".[104]

---

104 *Book of Common Prayer*, p. 134.

Guarda-nos e guia-nos, oramos.

Nas nossas orações noturnas, nós lembramos o drama que a noite encerra, a vulnerabilidade bruta que enfrentamos do pôr até o nascer do sol: "Vigia, amado Senhor, os que trabalham, ou vigiam, ou choram nesta noite e envia teus anjos até os que dormem. Cuida dos enfermos, Senhor Cristo; dá descanso os cansados, abençoa os moribundos, conforta os sofredores, tem piedade dos aflitos, protege os alegres; e tudo por teu amor. Amém".[105]

Nossa necessidade de sono revela que temos limites. Somos incapazes de nos defendermos, de nos protegermos, de controlar o mundo ao nosso redor. O sono expõe a realidade. Somos frágeis e fracos. Precisamos de um guia e de um guarda.

Não importa o quanto eu ame ou tema algo, no final das contas, a minha necessidade humana por descanso entra no meio. Mesmo quando as minhas filhas estão doentes e realmente precisam de mim, não consigo ficar acordada com elas dia e noite por muito tempo. Nossa poderosa necessidade por sono é um lembrete de que somos finitos. Deus é o único que nunca repousa, nem dorme.

Alguns anos atrás, um comercial da Sprint proclamou ousadamente: "eu quero – não, eu tenho o direito de — ser ilimitado". Esta é a mensagem que recebemos da nossa cultura: sem limites. Nada deveria te parar, te deixar para trás ou limitar a sua liberdade. Nem mesmo a corporeidade humana. Você pode ser ilimitado e, se você não é, a culpa é de alguém.

---

105 *Ibid.*

Nós acreditamos que precisamos de uma tecnologia melhor, de uma eficiência melhor e de uma organização melhor para podermos existir como pessoas desgarradas de limites próprios de uma criatura. Podemos ser ilimitados, competentes e totalmente autodeterminados.

Segundo informações do National Health Interview Survey, quase 30% dos adultos têm, em média, menos de seis horas de sono por noite, algo muito inferior à faixa recomendável de sete a oito horas. Somente cerca de 30% de estudantes de ensino médio relataram ter, pelo menos, oito horas de sono numa noite comum de um dia útil, embora eles precisem de cerca de dez horas. Em uma pesquisa de âmbito nacional, mais de 7% das pessoas entre vinte e cinco e trinta e cinco anos admitiram que deram pescadas enquanto dirigiam no último mês. Em 2013, os Centros para Controle e Prevenção de Doenças declararam: "sono insuficiente é um problema de saúde pública".[106]

A maioria de nós já viu estatísticas assim antes. E apenas bocejamos e tomamos mais café. "Eu sei, eu sei". Estamos ocupados, cansados, esgotados.

Mas essa epidemia de saúde pública sinaliza uma crise espiritual: uma cultura de amores desordenados e adoração desordenada. Nós desdenhamos dos limites. Wendell Berry advertiu: "É fácil [...] imaginar que a próxima grande divisão do mundo será entre as pessoas que desejam viver como criaturas e as pessoas que desejam viver como máquinas".[107]

---

106 Center for Disease Control and Prevention, "Insufficient Sleep Is a Public Health Problem," 3 de setembro de 2015, www.cdc.gov/features/dssleep. Debra Goldschmidt, "The Great American Sleep Recession," CNN, February 18, 2015. Disponível em: <www.cnn.com/2015/02/18/health/great-sleep-recession>.
107 Wendell Berry, *Life Is a Miracle: An Essay Against Modern Superstition* (Berkeley: Counterpoint, 2001), p. 55.

A santidade do descanso e a beatitude da improdutividade são uma ideia estranha para muitos de nós. Somos pessoas acostumadas com megalojas 24 horas, drive-throughs abertos de madrugada e cafés que ficam abertos à noite toda. Nós temos programas noturnos de TV, e programas *bem* noturnos de TV. Nós temos energéticos de "5 horas de energia" na fila do mercado.

É claro, alguns de nós não têm sono suficiente, por causa de transtornos físicos, e eu agradeço por tratamentos que ajudam a combater insônia médica. Alguns, como a oração das Completas nos lembra, "trabalham enquanto outros dormem",[108] e precisamos dessas pessoas (enfermeiros, médicos, parteiras, bombeiros, policiais, vigilantes e muitos outros) que sacrificam o seu sono para servir os outros.

Mas muitos de nós resistem ao sono por outros motivos. Desenvolvemos rotinas de fadiga nas nossas vidas diárias. Estamos fora de sintonia com a realidade de nossas necessidades e limites. Rod Dreher explica como nos rebelamos contra a finitude: "sem reconhecer que há limites inscritos na natureza pelo Deus da natureza, não tem nada que impeça a humanidade de violar a natureza, inclusive a natureza humana, para refazê-la à nossa imagem".[109]

Os nossos limites corporais são o nosso principal lembrete diário de que somos nada mais do que pó. Nós vivemos uma humanidade frágil e vulnerável. E odiamos sermos lembrados disso.

●

---

108 *Book of Common Prayer*, 134.
109 Rod Dreher, "Harmony, Communion, Incarnation," *The American Conservative* (blog), 23 de junho de 2015. Disponível em: <www.theamericanconservative.com/dreher/harmony-communion-incarnation-laudato-si-pope-francis/>.

Nossa necessidade por sono nos lembra do nosso limite supremo: vamos morrer. Num episódio no show de rádio *This American Life* [Esta vida americana], Ira Glass admite que o seu medo de dormir anda "lado a lado com o medo da morte [...] um gostinho do grande sono".[110] Um homem entrevistado por Glass diz que, quando ele passa pelo seu dia — dirigindo para o trabalho, ficando preso no trânsito, convivendo com seus amigos e família — ele não gosta de pensar sobre a sua mortalidade, mas, deitado na sua cama meio dormindo, ele lembra, horrorizado, que ele vai morrer. Glass entrevista outros que acordam com medo, incapazes de voltar a dormir, lembrando assustados que a morte se aproxima rapidamente.

Nas palavras de São Bento, a espiritualidade cristã nos chama a manter "o prospecto da morte diante dos nossos olhos todos os dias".[111] A cada quarta-feira de cinzas, lembramos juntos que somos pó e ao pó tornaremos.[112] Essa prática não é para ser mórbida. A maioria de nós gasta tanto tempo e energia tentando evitar a realidade de que nós e aqueles que amamos irão morrer. Mas, ao encarar a realidade da morte, aprendemos a viver retamente. Aprendemos a como viver à luz dos nossos limites e da brevidade das nossas vidas. E aprendemos a viver na esperança da ressurreição.

O sono serve como um *memento mori* diário, um lembrete da nossa morte. Nas Escrituras, os termos morte e sono frequentemente são usados intercambiavelmente. Quando

---

110 "Fear of Sleep," *This American Life*, WBEZ Chicago Public Radio, 8 de agosto de 2008. Disponível em: <www.thisamericanlife.org/radio-archives/episode/361/fear-of-sleep>.
111 São Bento, *The Rule of Saint Benedict*, trad. Bruce Venarde (Cambridge: Harvard University Press, 2011), p. 35.
112 *Book of Common Prayer*, p. 265.

vamos dormir todas as noites, nós dizemos com o salmista: "Eu me deito e durmo, e torno a acordar, porque é o Senhor que me sustém" (Sl 3.5, NVI). E proclamamos com a igreja: "Deitamos na morte; nós tornamos a acordar, porque o Senhor verdadeiramente ressuscitou". Nas nossas noites vulneráveis, nós recordamos a nossa vulnerabilidade suprema. Mas, ao recordar a nossa fragilidade, praticamos, da maneira mais gentil possível, a depender da misericórdia e do cuidado de Deus para conosco.

Ao abraçar o sono a cada dia, nós nos submetemos à humilhação da nossa criaturidade e fragilidade. E, nesse lugar de fraqueza, nós aprendemos a descansar na realidade de que a nossa vida e a nossa morte, nossos dias e tudo neles, estão ocultos em Cristo.

Resistir a limites não é novo para a raça humana. Desde o começo, tivemos uma animosidade contra a finitude e os limites. Na sua rebelião, Adão e Eva queriam ser "como Deus". Invencíveis. Autossuficientes. Autônomos. Sem limites.

Mas toda noite, gostando ou não, precisamos admitir novamente que não somos ilimitados. Nossos corpos ficam cansados. Nossos esforços se provam fúteis. Somos necessitados. Ceder ao sono confessa esta realidade: uma confissão que é contracultural e revolucionária. Não somos suficientes; precisamos de um cuidador. E isso precisa afetar as nossas rotinas corporais, nossa adoração e nossa visão de Deus.

Nossa cultura de cansaço e de falta de limites não só afetou os nossos corpos. Ela moldou a nossa fé. Como americanos e evangélicos, a sutil ideia de que o nosso relacionamento com Deus depende dos nossos esforços e energia é parte do nosso

DNA. A ideia de que os nossos corpos não importam e que os limites são meros obstáculos a serem superados distorce o nosso entendimento de adoração e missão.

Mark Galli disse: "a força do movimento evangélico é o seu ativismo; a fraqueza do movimento evangélico é o seu tivismo".[113] A história enérgica do evangelicalismo produziu mudanças genuínas e necessárias na sociedade: o progresso dos direitos das mulheres, a proteção das crianças e a legislação abolicionista, dentre muitas outras. Mas ela também pode fomentar atitudes que desprezam a sustentabilidade e o descanso. Quando o nosso zeloso ativismo se une a uma cultura de cansaço e grandiosidade, o objetivo da nossa vida cristã pode se tornar uma lista de objetivos, iniciativas, reuniões, conferências e atividades que nos deixam exaustos.

Era esperado no início do evangelicalismo que ministros wesleyanos, frequentemente chamados de cavaleiros de circuito (*circuit riders*), trabalhassem entre noventa e cem horas semanais. Tantos ministros antigos entraram em colapso por pura exaustão que a igreja criou um "fundo para ministros esgotados".[114] Observe que uma onda de ministros esgotados não fez o movimento repensar as suas táticas. Não gerou uma discussão teológica sobre as ideias de descanso e de uma vida cristã sustentável. Pelo contrário, eles começaram um fundo, mais uma causa ativista pela qual se lutar.

Ministros esgotados são parte da nossa herança evangélica. Eles são os nossos predecessores e os nossos heróis. E muitos

---

113 Citado em Michael Horton, "Ordinary: The New Radical?," *Key Life* (blog), 24 de outubro de 2014. Disponível em: <www.keylife.org/articles/ordinary-the-new-radical -michael-horton>.
114 David Bebbington, *Evangelicalism in Modern Britain: A History from the 1730s to the 1980s* (Grand Rapids: Baker, 1989), p. 11.

de nós continuam nesse legado. Somos ministros esgotados, pais esgotados, empresários esgotados, crentes esgotados. Isso afeta o nosso culto congregacional. Somos inclinados a abraçar uma fé que é cheia de adrenalina, animação e atividade. Mas precisamos aprender juntos a se aproximar de um Salvador que convida os cansados a virem a ele para descansar.

Logo depois de nos casarmos, Jonathan e eu começamos a antiga prática de guardar o sábado ou observar o Dia do Senhor a cada domingo. Éramos estudantes de pós-graduação naquela época, então, para nós, desistir das nossas horas de estudo nas tardes de domingo era uma mudança grande no nosso horário. Mas começamos uma rotina, que agora já persiste por mais de uma década, de começar o domingo indo para a igreja e então voltando para casa para tirar uma soneca ou saborear uma longa caminhada e ter uma noite lenta de leitura por prazer ou simplesmente estarmos juntos.

Levou anos para que eu percebesse que o nosso culto congregacional na manhã de domingo e as nossas sonecas na tarde de domingo estavam inter-relacionados. O descanso não é simplesmente uma necessidade física; não é só os nossos cérebros, músculos e pálpebras que precisam aprender hábitos de descanso. Precisamos de um descanso holístico, físico, psicológico e espiritual. A adoração e o descanso corporal estão interligados. Aprendemos os ritmos de descanso espiritual por meio do culto. Aprendemos que somos limitados por causa do nosso pecado, da nossa humanidade, do nosso momento na história. Precisamos de rituais e práticas para nos ensinarem a receber a graça e a renovação de Deus. Precisamos de outros crentes, a igreja que perpassa mais de dois mil anos, para nos ajudar numa tutoria em integralidade cristã. Precisamos assumir as práticas de descansar em Deus e nos seus dons a nós. No seu livro *Beyond Smells and Bells* [Além de cheiros e sinos], Mark Galli adverte que a cultura de conquista impregnada nos evangélicos ocidentais afeta a nossa adoração. O culto congregacional pode se tornar um lugar de autoconfiança e labuta em que buscamos conquistar certo humor espiritual específico ou certa experiência por nossos esforços. Pelo contrário, Jesus nos chama a abrirmos mão da nossa fé no nosso esforço espiritual próprio e permanecermos nele. "A liturgia é o lugar onde esperamos que Jesus apareça. Não precisamos fazer muita coisa. A liturgia não é um ato de vontade. Não é uma série de atividades feita para alcançar certo estado espiritual ou mental". No culto, nós aparecemos, permanecemos e descansamos. E como Galli diz: "Se ficarmos ali, permanecermos no nosso lugar, esperarmos pacientemente, Jesus vai aparecer".[115]

Quando eu primeiro comecei a comparecer a uma igreja que seguia uma liturgia histórica no seu culto, eu chorava toda semana. Não tinha percebido, mas — na maior parte da minha vida — a minha experiência de culto tinha sido marcada pelo meu esforço para chegar a certo lugar específico emocional ou cognitivo. Um lugar de alegria, crise, emoção ou veemente afirmação doutrinária.

Mas, quando topamos com uma igrejinha anglicana com paredes de pedra certo domingo, eu me sentia cansada demais e fraca demais para erguer o meu coração ou a minha cabeça a qualquer clímax emocional ou conquista intelectual. Então, eu me sentei na igreja, segui o *script* e recitei as minhas falas.

---

115 Mark Galli, *Beyond Smells and Bells: The Wonder and Power of Christian Liturgy* (Brewster, MA: Paraclete Press, 2008), p. 80.

As palavras da liturgia me faziam sentir como se houvesse uma mãe me ninando, cantando para mim, falando palavras de bênção de novo e de novo. Eu estava relaxando na igreja como uma criança cansada faz desmoronando nos braços da sua mãe. Quando o meu marido e eu entrávamos no carro depois da igreja a cada semana e conversávamos sobre o culto, eu lhe dizia: "parece chá de camomila". Essa era a minha estranha maneira de dizer que o culto me deixava descansar, relaxar com as antigas práticas e palavras da igreja.

Na cultura judaica, os dias começavam com o anoitecer e o pôr do sol. (Vemos isso em Gênesis 1 com a repetição do "e houve tarde e manhã"). O dia começa com o descanso. Nós começamos desacelerando e indo dormir.

Esse entendimento do tempo é profundamente reorientador — até mesmo chocante — para aqueles de nós que medimos os nossos dias pelos nossos próprios esforços e conquistas. O dia judaico começa com conquistar nada, aparentemente. Começamos descansando, enfiando a cara no travesseiro, caindo num estado de vulnerabilidade. Eugene Peterson diz: "a sequência hebraica de tarde/manhã nos condiciona aos ritmos da graça. Vamos dormir, e Deus começa a trabalhar".[116]

Embora o dia comece escuro, Deus ainda está trabalhando, cultivando safras, curando feridas, dando descanso, protegendo, guardando, consertando, redimindo.[117] Nós caímos na inconsciência, mas o Espírito Santo continua trabalhando.

Na sua breve teologia do sono, o pastor escocês John Baillie escreve que, em Cristo, nós "acordamos como homens

---

116 Eugene Peterson, *Working the Angles: The Shape of Pastoral Integrity* (Grand Rapids: Eerdmans, 1987), p. 68.
117 Dorothy Bass, *Receiving the Day: Christian Practices for Opening the Gift of Time* (São Francisco: Jossey-Bass, 2000), p. 18.

melhores do que quando fomos dormir".[118] Se é difícil para nós acreditar que Deus está trabalhando em nós e no mundo mesmo quando estamos dormindo, isso revela quem realmente pensamos que é o movimentador e criador das nossas vidas e da nossa saúde espiritual. Baillie fala da atividade ilimitada e constante de Deus no mundo e em nós:

> Nós habitualmente supomos ser mais senhores do nosso desenvolvimento espiritual do que realmente somos [...] Se alguns dos processos que são necessários para o nosso bem-estar físico funcionam melhor no sono do que quando despertos, porque a vontade relaxará seu controle demasiado despótico, por que o mesmo não poderia ser verdade para alguns processos que progridem o nosso bem-estar espiritual?[119]

Esse é o cerne do culto, tanto no nosso culto congregacional aos domingos quanto no culto dos nossos dias ordinários. Como filhos amados e agradáveis a Deus, nós nos juntamos ao que Deus já começou. Nós nos juntamos à sua obra em e por meio da sua igreja.

Então, eu chorava toda semana no culto. Eu estava aprendendo um novo hábito de adoração, uma maneira de se aproximar de Deus que dependia menos da minha energia, esforço ou estado emocional. Eu aparecia na igreja como uma pessoa que se afogava, com a energia gasta e os braços fracos, e desmoronava nas palavras e práticas da igreja histórica como se fosse uma boia salva-vidas.

---

118 John Baillie, "The Theology of Sleep," in *Christian Devotion: Addresses by John Baillie* (Oxford: Oxford University Press, 1962), p. 103.
119 *Ibid.*

> *E se os cristãos fossem conhecidos como uma comunidade contracultural de descansados, pessoas que abraçam os seus limites com entusiasmo e até alegria?*

●

Aprendemos a descansar com a prática, com a rotina, com o passar do tempo. Isso é verdade para os nossos corpos, nossas mentes e nossas almas, que sempre estão interligados. Cerca de um terço das nossas vidas é gasto dormindo. Por meio de todos esses anos de descanso, Deus está trabalhando em nós e no mundo, redimindo, curando e dando graça. Cada noite, quando caímos no sono, praticamos o abandono de nossa confiança no esforço próprio e permanecemos na boa graça do nosso Criador. Assim, abraçar o sono não é só uma confissão dos nossos limites; também é uma alegre confissão do cuidado ilimitado de Deus conosco. Para os cristãos, o ato de cessar e relaxar no sono é um ato de dependência em Deus.

E se os cristãos fossem conhecidos como uma comunidade contracultural de descansados, pessoas que abraçam os seus limites com entusiasmo e até alegria? Como crentes, podemos valorizar o sono não só como algo necessário, mas como uma resposta corpórea à verdade da Escritura: somos criaturas finitas e fracas que são abundantemente cuidadas pelo nosso forte e amoroso Criador.

Na nossa cultura *workaholic*, bombardeada por imagens, exageradamente cafeinizada, viciada em entretenimento e sobrecarregada, submeter-se à nossa criaturidade é uma parte necessária, e frequentemente negligenciada, do nosso discipulado.[120] No meu trabalho com estudantes de pós-graduação, eu os encorajo a pararem de trabalhar mais cedo, cuidarem dos seus corpos e dormirem mais. Muitas vezes, esse é o conselho mais útil e relevante espiritualmente que eu posso dar. Mas não parece muito um conselho espiritual. Você não precisa de uma formação no seminário para falar às pessoas irem para a cama mais cedo. Uma notícia entusiasmada de que estudantes cristãos estão dormindo mais e com mais qualidade provavelmente não vai impressionar muitas pessoas.

Mesmo assim, Deus se importa com o sono. Um dos meus momentos favoritos nos evangelhos é quando Jesus apaga no fundo de um barco no meio de uma tempestade. Seu sono era teológico, na medida em que ele demonstrava uma confiança inabalável no seu Pai. Mas não vamos esquecer que isso também era um exemplo comum de um homem cansado tirando uma soneca.

Deus quer nos dar não só vidas de santidade e oração, mas também de descanso suficiente. E talvez um passo chave para uma vida de oração e santidade é simplesmente receber a dádiva de uma boa noite de sono.

Na Escritura, na encarnação e na igreja, aprendemos que a graça vem até nós por meio do mundo tangível e terreno, por meio das horas de um dia comum. A dádiva do descanso vem a nós por meio do ritual e da rotina. Imerecido e abundante, ele vem por repetição, aprendido por hábitos, na liturgia do dia.

No fim de todos os dias, deitamos nas nossas camas. Mesmo o mais ordinário dos dias nos moldou, imperceptivelmente, mas

---

120 Este parágrafo e parte dos dois seguintes vêm de Tish Harrison Warren, "Spiritual Direction: Get More Sleep," *The Well* (blog), 29 de outubro de 2013. Disponível em: <http://thewell.intervarsity.org/blog/spiritual-direction-get-more-sleep>.

verdadeiramente. Por uma graça que não podemos controlar, nós caímos no sono. Nós descansamos. Nossos músculos relaxam. Nosso queixo folga. Estamos expostos e fracos. Nós caímos na inconsciência. Mas ainda somos segurados. Nosso Vigia e Guia nos chama de "amados", e ele dá sono aos seus amados.

Perguntas para reflexão

1. Como é a sua rotina à noite?

2. Como os seus hábitos noturnos te moldam?

3. O que te impede de dormir? O que te deixa acordado à noite?

4. O que os seus padrões de sono, suas dificuldades ou hábitos revelam sobre os seus amores, medos, compromissos e confianças?

5. A autora escreve: "Esta é a mensagem que recebemos da nossa cultura: sem limites. Nada deveria te parar, te deixar para trás ou limitar a sua liberdade". Onde você vê uma resistência a limites na sua cultura e em você mesmo?

6. Você já pensou na morte na hora de dormir? O que você acha da afirmação da autora de que o sono serve como um pequeno *memento mori* diário?

7. A autora discute como a cultura ativista e de conquistas do evangelicalismo pode produzir uma "cultura do cansaço". Você concorda? Por que sim? Por que não?

8. Como o descanso físico e o espiritual se relacionam entre si?

9. Você acredita que Deus pode às vezes trabalhar mais em você enquanto você dorme do que enquanto está acordado? Por que sim? Por que não?

10. A autora diz: "A dádiva do descanso vem a nós por meio do ritual e da rotina. Imerecido e abundante, ele vem por repetição, aprendido por hábitos, na liturgia do dia". Como você viu isso tudo ao longo do livro?

Práticas sugeridas

1. Repasse a sua liturgia noturna. Garanta que ela está te ensinando bons hábitos de descanso. Vá para cama na hora e tenha sono o suficiente. Reflita ou escreva sobre como uma semana de descanso te afeta espiritual e fisicamente.

2. Converse com alguém da sua família ou com um amigo sobre as coisas que te impedem de descansar. Ore sobre isso.

3. Se você não pratica um dia semanal de descanso, faça isso nesta semana. Reflita sobre como isso afeta você e a sua visão do tempo, de limites, do seu corpo e de Deus.

4. Na igreja, observe as maneiras que você é chamado a descansar em Deus e na comunidade de crentes, ou como você está agitado ou se esforçando para alcançar certo estado espiritual. Convide Deus para a sua adoração e peça a ele para te ensinar a descansar nele.

Agradecimentos

Um obrigado ao excelente time da IVP, especialmente para a Cindy Bunch por não só ter sido uma grande editora e guia, mas também por ser o tipo de pessoa que me melhorou depois de conhecê-la. Também agradeço ao Ethan McCarthy por sua paciência, esforço e encorajamento em todo o processo editorial.

Agradeço aos líderes e colegas no 014 NISET Writing Workshop, que me fizeram pensar pela primeira vez que eu podia escrever um livro, e especialmente a Al Hsu por sua sabedoria e encorajamento (e pela licença editorial!). Agradeço a InterVarsity Christian Fellowship, especialmente para os meus amigos na GFM South Central e na Women in the Academy and Professions. Também agradeço os estudantes líderes dos nossos grupos estudantis em Vanderbilt e na Universidade do Texas, que foram os meus animadores e minha inspiração por todo o processo.

Agradeço aos amigos do Facebook e do Twitter que responderam enquetes aleatórias sobre suas vidas cotidianas e compartilharam artigos e ensaios que eu escrevi. Vocês são uma parte bem importante de por que eu pude escrever.

AGRADECIMENTOS

Eu agradeço ao Andy Crouch por generosamente ter oferecido sabedoria e encorajamento para mim como uma autora iniciante e por seu belo e generoso prefácio. Eu vou ser eternamente grata. Também agradeço o Rod Dreher por compartilhar o meu trabalho e me encorajar a continuar escrevendo (e também para a sua esposa, Julie, por sua hospitalidade e amizade).

Um obrigado também para Eric e Keri Stumberg, Kevin e DeAnn Stuart, e para toda a família Stokes por ter me dado espaço para sair e escrever.

Eu não posso expressar amor e gratidão suficientes para os amigos íntimos que oraram por mim e caminharam comigo enquanto escrevia este livro. Há mais do que eu posso nomear. Mas agradeço especialmente ao time de oração por autores, a Don Paul e Ginger Gross, Alice e Tim Colegrove, Natham e Leann Barczi, Grace e Cody Spriggs, Rebekka e Manley Seale, Kenny e Katy Hutson, Blake Mathews e Krista Vossler, Steve Dilley e Andrea Palpant Dilley, Sarah Puryear, Steven e Bethany Hebbard e Woody Giles (mais conhecido como Tio Woody). Todos vocês são boas novas para mim.

Agradeço especialmente a Brie Tshcoepe e Kelsey Balaban pela amizade e pelo ótimo feedback em porções deste manuscrito.

Agradeço ao Pe. Kenny Benge e ao Pe. Thomas McKenzie por serem bons ouvintes (com pratos de Baja Burrito) para as ideias iniciais deste livro e por me encorajar a escrever e ser ousada, na vida como um todo. Eu sou bem grata à Rev. Côn. Mary Maggard Hays por seu cuidado pastoral, sabedoria e exemplo. Agradeço imensamente ao Pe. Perry e à Wendy Koon e ao Pe. Shwn e à Michelle McCain, por serem amigos e médicos. Também agradeço à Shawn e Michelle por terem dado um feedback em porções dos rascunhos deste livro.

Também sou grata aos pastores e aos membros da Christ the King Cambridge, que me deixaram lutar em voz alta com essas ideias numa forma ridiculamente embrionária no seu retiro de inverno. As suas perguntas e respostas foram graciosas e úteis. Agradeço também a Redeemer Nashville por amar e nos apoiar de tantas formas e a Resurrection South Austin por serem pessoas que nos ajudam a viver (junto com vocês) na bondade de Deus.

Eu também gostaria de mostrar a minha enorme gratidão a Marcia Bosscher, que foi a primeira pessoa a pensar que eu era uma escritora e que é uma fonte constante de sabedoria e força. Ela me deu edição, cuidado e luz por anos e por todo esse projeto. Se já escrevi alguma coisa que ajudou alguém de alguma forma, Marcia é parcialmente responsável.

Um obrigado a Sandra e Jerry Dover e a toda a família de Atlanta por seu amor e apoio inabaláveis. Um obrigado também a Laura e James Mayes e David e Laci Harrison e suas famílias, por me manterem humilde e risonha. Amo todos vocês.

Ser mãe me convenceu que eu nunca vou conseguir agradecer adequadamente aos meus pais. Eles me deram amor e apoio vitalícios, desde os meus primeiros passos até olharem as meninas enquanto eu escrevia o primeiro rascunho deste livro. Eu agradeço Les e Lorraine Harrison, meu pai e minha mãe, por tudo. Eu espero que nos vejamos na sua varanda em breve.

Por último, um obrigado para as minhas meninas, minhas cisnes, minhas filhas, Flannery e Raine, por serem os pontos

AGRADECIMENTOS

mais brilhantes no meu dia e as estrelas mais cintilantes no meu céu. Este livro representa o sacrifício da parte delas e por isso, e por elas, eu sou grata além do que as palavras podem expressar. E para o Jonathan. Que não só me deu amizade, amor e tremendo encorajamento enquanto eu escrevia, mas que, como pastor e acadêmico, me ofereceu recursos e reflexões inestimáveis. Fico muito feliz de estarmos nisso juntos.

E glória à Palavra, de quem qualquer bondade nas nossas palavrinhas flui e por quem elas serão redimidas.

Continue sendo edificado

Na plataforma The Pilgrim, você tem acesso a milhares de títulos cristãos pelo valor de uma única assinatura. Os livros a seguir foram feitos sob medida para você que amou o Liturgia do Ordinário (e você só os encontrará na Pilgrim):

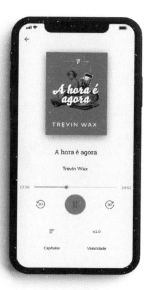

Chamados para criar

Sabedoria digital para a família

A hora é agora

Jordan Raynor é um empreendedor cristão de longa data capacitado para lhe ensinar a liturgia do seu trabalho. Aprenda a como ser criativo, inovador e empreendedor para a glória de Deus.

Andy Crouch, que escreveu o prefácio de Liturgia do Ordinário, quer ajudar você a repensar as liturgias do seu lar com a tecnologia. Pegue este livro para que toda a sua família tenha hábitos conectados com Deus.

O pastor Trevin Wax sabe ler as liturgias da nossa cultura como ninguém. Jogue a luz do evangelho sobre o que a cultura prega para você em seu celular, filmes e séries, relacionamentos e em muito mais!

Comece já a sua assinatura
com 21 dias grátis

Este livro foi impresso pela Vozes, em 2023, para a Thomas Nelson Brasil em parceria com a Pilgrim. O papel do miolo é avena 80g/m², e o da capa é cartão 250g/m².